陈慧娜　张　峰　总主编

图书馆里的中国故事

名人读书

故事与方法

胡宏哲　唐骋华　编著

上海交通大学出版社
SHANGHAI JIAO TONG UNIVERSITY PRESS

内容提要

  本书是"图书馆里的中国故事"系列中的一本。本书通过生动有趣的故事，带领读者走进陶渊明、苏轼、朱熹、梁启超、毛泽东等历史名人的读书世界，探寻他们的读书方法与智慧。从陶渊明"耕读人生"的理想，到苏轼以诗性照亮人生的豁达；从朱熹以理学烛照人心的深邃，到梁启超"学者当死于讲坛"的执着；再到毛泽东"活到老，学到老"的终身学习……本书通过一个个鲜活的故事，展现了这些名人在读书中汲取智慧、在实践中成就人生的非凡历程。本书不仅适合对历史文化、名人传记感兴趣的读者，也适合学生、教育工作者、研究人员等阅读。

图书在版编目（CIP）数据

  名人读书 : 故事与方法 / 胡宏哲 , 唐骋华编著 .
上海 : 上海交通大学出版社 , 2025.5. -- (图书馆里的
中国故事 / 陈慧娜 , 张峰总主编). -- ISBN 978-7-313-
32546-4

  Ⅰ . G792

  中国国家版本馆 CIP 数据核字第 2025YX2706 号

名人读书：故事与方法

MINGREN DUSHU: GUSHI YU FANGFA

编　　著：	胡宏哲　　唐骋华			
出版发行：	上海交通大学出版社	地　　址：	上海市番禺路 951 号
邮政编码：	200030	电　　话：	021-64071208
印　　制：	浙江天地海印刷有限公司	经　　销：	全国新华书店
开　　本：	710 mm×1000 mm　1/16	印　　张：	9.75
字　　数：	102 千字		
版　　次：	2025 年 5 月第 1 版	印　　次：	2025 年 5 月第 1 次印刷
书　　号：	ISBN 978-7-313-32546-4		
定　　价：	78.00 元		

丛书序言

阿根廷作家豪尔赫·路易斯·博尔赫斯曾说："如果有天堂，那应该是图书馆的模样。"

图书馆作为社会文明传承的重要组成部分，在传承中华文明方面发挥着重要作用。一个国家，一个民族，其文化要得到传承，从古至今、代代相传的典籍是重要的表现形式和传承手段。从图画文字到甲骨刻字，从竹简典籍到羊皮书卷……典籍中不仅仅有文字的传承，更饱含着一代又一代圣人先贤的人生智慧。图书馆作为典籍存藏的重要场所，如同一个蕴藏人类知识的宝库，时至今日，依旧焕发着勃勃生机，发挥着它传承文明、服务社会的重要作用。

对于孩子们而言，图书馆并不陌生，但是图书馆里就只有书吗？过去的"图书馆"是什么样子？图书馆里有哪些有趣的故事？图书馆里的书为什么会有一个特殊的标记呢？这些标记有什么含义和作用？

带着一个又一个的问题，孩子们可以通过阅读这套书中有趣的故事，去感悟图书馆，去体味图书馆存在的价值与意义。在这里，孩子们可以透过自己的眼睛，穿越古今，与古代先贤对话，向当代鸿儒求教。

诚然，当代的图书馆在信息技术的加持下，早已今非昔比。智慧终端、移动存储的使用，都在不断扩展图书馆的服务半径，提升图书馆的服务体验。图书馆里有乾坤，透过图书馆这个微缩景观，我们可以一窥人类文明的发展，一探中国文化的变迁。

古人云：开卷有益。儿童时期是人的一生中极为重要的阶段之一。儿童拥有天然的好奇心和想象力，拥有探索世界的勇气，在他们的世界观、人生观、价值观形成的阶段，遇到图书馆，遇到经典图书，对于他们完整人格的塑造、丰富文化底蕴的培养，都将大有裨益。为此，我们特别邀请到图书馆的专业人员为小读者们撰写了这套书。丛书分别围绕图书的由来、图书馆的前世——藏书楼、现当代图书馆、名人读书故事，以及图书馆里的红色故事依次展开。为了更好地贴近儿童的阅读习惯，丛书在侧重科学性与知识性的前提下，注重语言文字的趣味性，还添加了生动的手绘插图，富有启发性。为了尽可能降低儿童在阅读过程中因专业词汇而产生的困惑，文中在特殊位置张贴了知识"小贴士"，帮助儿童更好地理解文中所述内容。

儿童是祖国的未来，民族的希望。在他们人生成长的关键时期，加强对他们的教育培养，是关系到国家与民族发展的一项重大任务。

让孩子从小爱上阅读，相信这是家长与老师，乃至全社会的希望，更是每一位图书馆人的责任与使命担当。

许久以前，梁启超曾经写下了振聋发聩的《少年中国说》，声声入耳、句句入心。多年后的今天，我们多么希望每一位翻开这套书的孩子，都能更加深入地感受到前辈的良苦用心，感受到自己肩上的责任重大。中华文明的伟大，并不仅仅在于拥有辉煌的过去，更在于拥有令人无限希望的当下与未来。而孩子就是这个国家、这个民族发展的未来与命脉。真诚地希望每一位读到此书的小读者，都能对中华文明有更加深入的了解，对民族文化有更加透彻的体会。

亲爱的孩子们，来吧！让我们一起，穿越时空，去一探图书馆的究竟！

陈梦娜

2024 年 2 月于北京

目录

一

陶渊明：理想的耕读人生

陶渊明的故事

东晋末年，政治昏暗，朝堂上钩心斗角，官场上贪腐横行，老百姓被压榨得苦不堪言。有这么一个人，明明有资格做官，享受优越的物质条件，却坚决辞掉官职，过着艰辛的耕读生活。他就是陶渊明。

陶渊明的一生，是淡泊名利的一生，也是辛勤劳作、醉心阅读的一生。他的这种生活态度不仅体现在收入教材的《桃花源记》《五柳先生传》《归田园居》等诗文中，也贯穿于他的具体生活实践。可以说，陶渊明为后世读书人树立了一个在动荡年代保全自身、护持尊严的榜样。

1. 出身名门，少学琴书

公元 365 年，陶渊明生于江州寻阳郡柴桑县（今江西省九江市柴桑区）。他的家庭，在当地属于名门望族。陶渊明的曾祖父陶侃是东晋开国名将，为东晋政权的建立和巩固立下过汗马功劳。陶侃晚年官至太尉，相当于三军总司令，位极人臣。托陶侃的福，陶氏子弟世代为官，陶渊明的祖父陶茂和父亲陶逸都做过地方官。到陶渊明这一代，虽然谈不上大富大贵，但小时候养尊处优，长大后获得一官半职，一辈子衣食无忧是没有问题的。

然而，世事无常。陶渊明八岁那年，父亲陶逸病逝，家境一落千丈。母亲只能带着子女前往武昌，投奔陶渊明的外祖父孟嘉。因此，陶渊明童年的部分时光是在武昌度过的，而外祖父孟嘉，也对他性格的养成产生了深远影响。

孟嘉饱读诗书，以知识渊博、谈吐脱俗著称。孟嘉的弟弟孟陋则是大学问家，精通典籍，注释过《论语》。兄弟俩经常在一起切磋学问。孟嘉还和当地许多名士交往密切，家里总是高朋满座，众人谈诗论道、指点江山，学术氛围浓厚。耳濡目染之下，陶渊明也爱上了读书，而且他兴趣广泛，从儒家经典到诗词歌赋都读得津津有味。

对这段温馨而美好的岁月，陶渊明是十分感念的。日后，他曾向家人绘声绘色地回忆儿时的情形："少学琴书，偶爱闲静，开卷有得，便欣然忘食。"（《与子俨等疏》）他说自己年少时喜欢弹琴和读书，偶尔发发呆，一旦从书中有所收获，高兴得连饭都忘记吃了。可见，陶渊明打小就是个书迷。

陶渊明在弹琴

不过，如果你以为他只知埋头啃书本，那就错了。

魏晋时期的文人雅士大多钟情山水，如大书法家王羲之，杰出的政治家、军事家谢安，均常年流连于山水之间，陶冶情操。陶渊明的外祖父孟嘉也是如此。相传孟嘉在江夏阳辛（今湖北省阳新县）当县令时，常去爬附近的一座山，还在山顶设宴，与名士唱和。于是，当地人把这座山称作"孟嘉山"。

由于外祖父的言传身教，加上时代风气的浸染，让陶渊明也十分亲近山水。用他自己的话说，就是"性本爱丘山"，对山水的热爱浸透到了骨子里。纵观陶渊明一生，无论是随母亲住在武昌，还是回老家柴桑，或者赴外地做官，每到一处，都会寻山问水。山水，是他的精神寄托。

2. 不满官场，屡屡辞官

少年时光是愉快而短暂的。转眼间，陶渊明过了 20 岁，在古代，这是男子成家立业的年纪。在长辈的安排下，陶渊明结婚了，几年后妻子相继为他生下两个孩子。这时候陶渊明已经回到家乡柴桑，依靠祖传的田地养家糊口。他一方面要奉养老母亲，一方面要照料妻儿，负担是很沉重的。最困难的时候家里米缸见底，一家老小连粗米饭都吃不上，靠着亲戚朋友的接济才撑过去。

那陶渊明怎么不去做官呢？要知道，在东晋这样一个门阀社会，像陶渊明这种出身名门的人，不管多穷，也不管有没有才干，只要到一定年岁，朝廷都会授予官职。当了官，领一份优厚的俸禄，不必辛苦劳作，全家人就都能过上衣食无忧的生活了。然而，陶渊明面对朝廷的征召，几次三番推托。这是什么缘故呢？

陶渊明所处的时代，东晋王朝已进入末期，朝政昏暗、腐败横行，老百姓苦不堪言。陶渊明品行高洁，富有正义感，非常同情老百姓的遭遇。所以他不愿意与贪官污吏为伍，去欺压百姓。

直到29岁，由于家里实在太穷，陶渊明才接受江州刺史王凝之的邀请，担任江州祭酒。这个职位类似于领导秘书，帮忙处理一些行政事务。王凝之是书法家王羲之的儿子，陶渊明以为，有那样一位德才兼备的父亲，儿子总不会差吧？没想到王凝之是个才干平庸、做事不靠谱的纨绔子弟，令陶渊明深感失望。不久，他辞官回乡。这次经历鲜明地展现了陶渊明性格中的一大特点——哪怕再穷，也要坚持原则，绝不跟庸俗之人同流合污。

此后，陶渊明又断断续续当过几次官，每一次都是迫于生计、等米下锅才勉强为之，却又很快后悔，果断辞官。

陶渊明最著名的一次辞官发生在公元405年。当时，陶渊明出任彭泽县令。彭泽与柴桑相邻，往返便利，让陶渊明就近任职，可见朝廷还是很关照他的。但陶渊明只干了80多天就又撂挑子了。原来，有一天上司来彭泽视察工作，按惯例，县令要热情接待，还得给点好处。偏偏陶渊明为官清正，对官场陋习深恶痛绝，根本不想遵从。干脆，趁上司没到彭泽，他就挂冠而去了。

临走前，陶渊明对劝说他的下属说："我岂能为五斗米折腰？""五斗米"差不多是东晋人一个月的食量，所以陶渊明的意思很明白了，我怎么能为了这点饭钱，就对上司低声下气？在他看来，人格尊严比仕途重要得多。

辞职后，陶渊明写下千古名篇《归去来兮辞并序》，表明心志。他说："我家里穷，耕种桑植不足以供养家人，亲友都劝我做官，因此我去彭泽当了县令。可上任后我思乡心切，实在是割舍不下，只能辞归故里。"从 405 年辞官到 427 年逝世，人生的最后 20 多年，陶渊明再也没有做过官。

3. 隐居田园，耕读传家

现代人往往对乡村怀有一种浪漫化的想象，将其视为一个山青水绿、风光旖旎的世外桃源，以为农人们过着富足安逸、悠然自得的生活。实际上，种地极为辛苦，不仅要从早到晚在田间地头耕作，还要担心干旱、暴雨、冰雹、蝗虫等灾害。一旦收成不好，全家人都得饿肚子。所以古人才感慨"稼穑艰难"。

陶渊明的诗歌里就记录了很多辛勤劳动的场景，如：

种豆南山下，草盛豆苗稀。

晨兴理荒秽，带月荷锄归。（选自《归田园居·其三》）

在南山下种大豆，结果杂草旺盛，豆苗稀疏，于是早早起床去田间清除杂草，一直忙到晚上才归来。

又如：

开春理常业，岁功聊可观。

晨出肆微勤，日入负耒还。（选自《庚戌岁九月中于西田获早稻》）

初春播种，认真耕作。到了收获的季节，收成还可以。早上到地里收割，日落时分才背着稻子回家。

还有：

躬亲未曾替，寒馁常糟糠。

岂期过腹满，但愿饱粳粮。（选自《杂诗十二首·其八》）

我一直亲力亲为耕种，却仍然饥寒交迫，只能吃劣质食物充饥。哪里敢奢望丰衣足食呢？能够温饱我就满足了。

陶渊明的耕读生活

农耕本就辛苦，雪上加霜的是，一次家中失火，把家当烧得精光，陶渊明多年心血化为灰烬。但陶渊明怀着苦中作乐的心情继续务农。其实，他的内心是愉悦的，因为依靠劳动养活家人是他的夙愿。而且摆脱了官场的烦琐事务，他也有时间和精力读书了。

就这样，陶渊明一边耕作以自给自足，一边读书以修身养性，实践着传统士大夫最推崇的耕读生活。

陶渊明晚年，朝政越发混乱，各方势力争斗不休，不少读书人因卷入政治纷争而惨遭横祸，死于非命。东晋王朝也在公元 420 年覆灭。陶渊明是幸运的，他早早脱离官场，以耕读保全了身家性命和人格尊严。这种洞察世事的清醒认知和安于贫苦的高尚节操，使陶渊明成为后世读书人心目中的理想典范。

陶渊明的读书方法

陶渊明为人至诚至真，他隐居后的田园生活，是许多读书人所向往的。人们似乎总会在人生的某个阶段或者某个瞬间，萌生携书卷悠游于南山，体会陶公的田园读书生活。陶渊明高洁的品性、超然的志趣，以及旷达的人生态度，无不令人心生敬仰，而他的读书理念和读书方法，亦为后人提供了宝贵的借鉴。

陶渊明是一位善于通过诗文作品白描日常生活，抒发人格和人生观的创作者。因此他的读书理念和读书方法，也自然而然地融入了作品之中，让我们可以在他的作品中窥得一二。

1. 以书为乐

陶渊明在《与子俨等疏》中回顾自己年少时光时说："少学琴书，偶爱闲静，开卷有得，便欣然忘食。"他说自己少年时曾学习弹琴、读书，间或喜欢悠闲清净，打开书卷，心有所得，便高兴得连饭也忘记吃了。可见陶渊明自幼就对读书抱有浓厚的兴趣，以书为乐，对于读书的喜爱，甚至达到了废寝忘食的程度。能够从书本中有所收获，在他看来是一件非常幸福的事情。这一点，他在自己的很多诗文里都提到过，比如：

悦亲戚之情话，乐琴书以消忧。（《归去来兮辞》）

息交游闲业，卧起弄书琴。（《和郭主簿·其一》）

读书，对于陶渊明来说，是一件乐事，甚至可以说是一种生活方式。《论语·雍也》说："知之者不如好之者，好之者不如乐之者。"也正因为陶渊明以读书为乐，他才能够沉浸其中，与书中的人、事、物产生心灵上的共鸣。他非常注重通过读书与古代先贤对话，将典籍中记载的杰出人物视为理想自我的楷模，在跨越时空的精神交流中，他不断内省，以此塑造自己的人格。比如：

历览千载书，时时见遗烈。高操非所攀，谬得固穷节。（《癸卯岁十二月中作与从弟敬远》）

何以慰吾怀，赖古多此贤。（《咏贫士·其二》）

这种以书为乐，以书为友，读有所得，进而内省的读书态度，正是我们首先要向陶渊明学习的。想要学有所得，离不开内心对于读书的真正认同，不仅仅是为了读书而读书，更需注重读书时的内心感悟与体验。

2.广泛涉猎

陶渊明在读书的时候还保持了一种广泛涉猎的阅读习惯，对于不同知识领域都抱有充分的兴趣和开放的态度。

少年时，陶渊明熟读"六经"等经典作品，他在《饮酒二十首·其一》中说"少年罕人事，游好在六经"，意思是自己年幼的时候很少与人交游往来，而是喜欢钻研儒家的典籍。对于古代读书人来说，"六经"是正统的修身齐家治国的学问。如果你以为陶渊明读书的范围只限于此，那就错了。

南朝宋文坛领袖人物，"元嘉三大家"之一的颜延之是陶渊明的朋友，他在陶渊明去世后写下了《陶征士诔》一文，悼念他的朋友陶渊明。这篇诔（lěi）文①中有一句"心好异书，性乐酒德"，说的就是陶渊明喜欢奇书，生性热爱饮酒。陶渊明自己也创作了《读山海经十三首》这一组诗，除了第一首序诗之外，其余十二首基本都是从《山海经》《穆天子传》中撷取的题材。在第一首序诗中，陶渊明描述了一幅居田园乐读书的生活场景：

孟夏草木长，绕屋树扶疏。

众鸟欣有托，吾亦爱吾庐。

既耕亦已种，时还读我书。

穷巷隔深辙，颇回故人车。

欢言酌春酒，摘我园中蔬。

微雨从东来，好风与之俱。

泛览《周王传》，流观《山海》图。

俯仰终宇宙，不乐复何如！

---

① 诔文，是一种文体，主要用于叙述死者的生平事迹，表示哀悼。它起源于西周的赐谥制度，最早有记载的诔文出现在《礼记》中。

从诗中我们可以看到陶渊明在耕种之余，日常非常喜欢阅读《穆天子传》《山海经》这些记载了上古游历、神话、地理、博物等内容的奇书，并为我们留下了"精卫衔微木，将以填沧海。刑天舞干戚，猛志固常在"这样精彩的诗句。

3. 不求甚解

我们现在提到陶渊明的读书态度和读书方法时，最常提及的就是他在《五柳先生传》这篇有自传性质的散文名篇中的那句"闲静少言，不慕荣利。好读书，不求甚解；每有会意，便欣然忘食"。乍看之下，不求甚解，似乎是一种潦草、不认真的读书态度，但是如果我们结合陶渊明所处时代的历史背景和学风，就会明白这句话的真正含义。

汉代的儒家学者们注重字句训诂与名物考证，导致他们对于经典的解释越来越烦琐。东汉有一位学者对《尚书·尧典》进行解释，仅仅"尧典"二字就写了十多万字。这种读书学习的方法不啻（chì）于人们常说的"只见树木不见森林"，目力所及只有具体的文字，而难以整体把握典籍的深意所在。到了陶渊明所处的魏晋时代，人们逐渐意识到这种读书方法的弊端所在，学风开始发生转变。学者们主张读书应得其精髓，领会书籍的宗旨要义，而不拘泥于一字一句的细枝末节。陶渊明正是在这样的学风影响下创作了"好读书，不求甚解"和"此中有真意，欲辨已忘言"的诗句，他想要表达的读书态度和读书方法，实际上是指读书要善于领会书中的精神内核，不咬文嚼字。

无独有偶，陶渊明的这种读书方法在历史上并非孤例，大家熟悉的三国时期的诸葛亮便是其中的一位典型代表。根据《魏略》①记载，孔明在荆州，与石广元、徐元直、孟公威一道游学读书，"三人务于精熟，而亮独观其大略"。诸葛亮的这种"观其大略"的读书方法与陶渊明的"不求甚解"从本质上来讲颇有相通之处，讲求的都是在阅读时，不必过于拘泥于细节，而是要着重理解文章的主旨和中心思想，掌握其精神实质。

陶渊明的一生，是一个通过读书与创作不断自我体认、完善人格的过程。通过阅读，他不断获得心灵的感悟，寻求真我；通过创作，不断阐述自己的人生理想，构建出一个清晰的自我形象。他带给我们的启迪与感召，虽时移世易，但未曾褪色半分。

---

① 《魏略》是三国时期记载魏国的史书，原书已散佚，部分内容保存在《三国志》的注释中。

二

王充：博览群书，勇于质疑

王充的故事

众所周知，鲁迅先生一向关心青年、爱护青年，总是竭尽所能为他们提供指导和帮助。有一位名叫许世英的年轻人考取了清华大学的中国文学系，入学前特意向鲁迅先生请教该读哪些书。鲁迅欣然应允，为他开列了一份书单，推荐了14本书，其中就有王充的《论衡》。

王充是何许人也？《论衡》又是怎样一部著作，能得到鲁迅先生的青睐？让我们坐上时光机，回到两千年前的东汉，去领略这位思想家的风采。

1.百里挑一的"少年学霸"

王充的一生富有传奇色彩。

首先，他的家世就很传奇。王充祖籍魏郡元城（今河北省大名县一带），曾祖父王勇投身军旅，凭军功获封列侯，朝廷还把会稽阳亭（今浙江省绍兴市）赐给王勇作封地。于是，王勇全家搬到阳亭，享受当地人的供养。只可惜好景不长，王勇因事获罪，被削去爵位，重归平民身份，以务农为生。

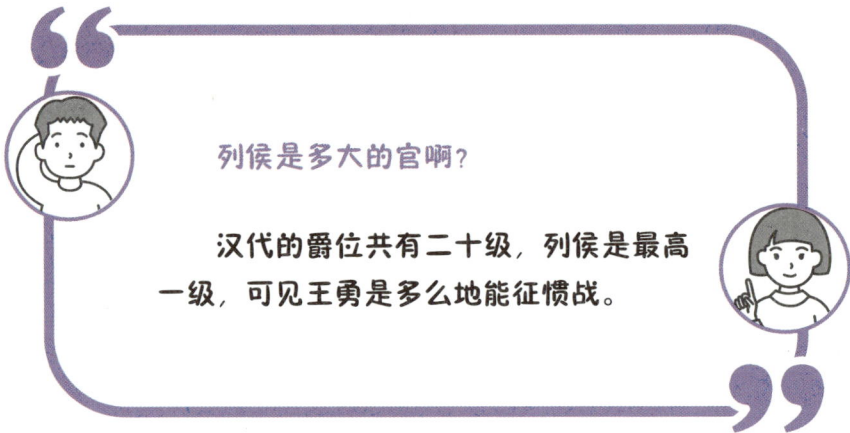

列侯是多大的官啊？

汉代的爵位共有二十级，列侯是最高一级，可见王勇是多么地能征惯战。

王勇到底犯了什么事？史书没有记载，但从他的行为举止看，他绝不是一个安分守己的人。王勇为人勇武，加上脾气暴躁，动不动就和乡人打架斗殴，收成不好时甚至会打家劫舍。王勇的儿子、孙子也是同样的秉性，成天惹是生非。可想而知，这样一家人不会受乡亲欢迎。所以，王家最终无法在阳亭立足，只能离开。几经辗转，一家人落脚会稽上虞（今浙江省绍兴市上虞区一带）。

王充就出生在上虞，时为东汉建武三年，即公元 27 年。

有意思的是，王充生来就是家族另类。他自幼性格稳重、沉静内敛，当别的孩子捉麻雀、捕蝉、玩铜钱，玩得不亦乐乎的时候，他一个人静静地坐在屋子里读书写字。八岁那年，父亲将王充送进书馆，接受正规教育。

书馆老师非常严厉，学生只要犯了错，都会遭到责罚。书馆的学生几乎无一幸免，都挨过罚，唯独王充是个例外。他还嫌老师教学进度太慢，同学们还在练字呢，他已经开始自学《论语》《尚书》等儒家典籍了，每天能背诵近千字。读懂了典籍，不仅提升了品德和修养，还锻炼了思维能力。因此，王充写出的文章令成年人也为之惊叹，称赞他才华出众。

王充在书馆学习

汉代地方官有向朝廷举荐人才的责任，像王充这样的"学霸"，自然是理想人选，于是在地方官的举荐下，王充前往京师洛阳，入太学深造。

太学是汉代的最高学府，类似于现在的大学，可又不是普通大学。太学生是从全国各地精挑细选而来的青年才俊，经过一段时间的学习，朝廷会把他们派到地方上任职，然后根据政绩逐步升迁。王充进入太学，表示他被纳入官员培养体系，这对一个出身寒微的年轻人来说，无疑是一个很高的人生起点。

那么，王充在太学、在洛阳又有怎样一番表现呢？

2. 性格耿直的贫寒子弟

进入太学后，王充师从班彪。班彪可不简单。他精通儒学和史学，文学造诣也很高，还擅长教书育人。《汉书》的作者、历史学家班固，军事家、外交家班超，都是班彪的儿子。王充能拜在这位大学问家门下，可以说是非常幸运的。

王充学习也非常刻苦。由于家贫，买不起书，王充经常跑到洛阳的书铺里找书看。他记忆力超群，有过目不忘的本领，就这样东看看、西翻翻，不知不觉读了许多书，知识储备也日益提升。后人用"博览群书"来形容王充，既体现了他对读书的热爱，也反映了他知识的渊博。

除了读书，王充的口才也不错。他的观点，人们乍一听觉得古怪，听完论证，又会被其缜密的逻辑折服。不过，只有遇到志同道合的人，王充才会侃侃而谈，否则宁愿一整天不说话。因此，他留给人一种"高冷"的印象。

王充与志同道合者侃侃而谈

从太学毕业后，王充回到故乡上虞，担任基层官吏，不久便因才能出众被提拔为会稽郡五官功曹行事。这个职务相当于郡太守的高级助手，既要为太守出谋划策，又要处理政务，如果能获得太守赏识，升迁是很快的。王充的确向太守提过不少建议，然而因各种原因都未被采纳。此后他仕途一直不顺，一辈子在基层兜兜转转，升迁无望。晚年，倍感失望的王充回到上虞养老，70岁左右病逝。

自幼聪慧伶俐，又在太学深造过，王充为什么没能有所作为呢？原因有两个。第一，缺乏雄厚的家世背景。东汉是一个讲究门第的社会，中高级官职几乎被世家子弟垄断，而王充的家族早已没落，作为贫寒子弟，只能当个小官吏，上升空间很小。第二是个性使然。封建社会的官场，充斥着趋炎附势、溜须拍马之徒。可王充呢？说话不中听，喜欢唱反调，做官还很清廉。这样的作风很难讨上司欢心，得不到提拔也算正常。

官场失意令王充心怀愤懑，却也给了他充裕的时间和精力进行读书写作。他一生著述颇丰，有《政务》《论衡》《养性》等。其中被鲁迅先生大力推荐的《论衡》是流传千古的名作，也最能体现王充的学术思想。

3. 勇于质疑的无神论者

《论衡》，存目八十五篇，实存八十四篇。"衡"字本义为天平，王充的意思，是把当时流行的思想言论都放到天平上来"称一称"，以判断对错、评估价值。这决定了《论衡》是一部带有强烈论辩色彩的著作，用王充自己的话说就是"疾虚妄"——批驳形形色色的虚妄之论，以求得真理。

王充《论衡》本意

王充攻击最猛烈的是"天人感应"学说。

古人认为，天意和人事存在着一种互相感应的关系，上天会根据人类的行为，降下祥瑞或灾祸。因此，如果统治者勤政爱民，上天会派来凤凰、麒麟等神兽，给予肯定和赞美；反之，若统治者胡作非为，会招致洪水、干旱、地震等灾祸，这是上天发出的警告，要求统治者改弦更张。西汉大儒董仲舒①是"天人感应"的坚定鼓吹者，为此构建了一套完整的学说体系。及至东汉，读书人普遍相信天人感应，导致迷信之风盛行，出现了很多荒唐的事情。

但王充不是一个迷信的人。他认为，天和地是客观存在的物质实体，天地运行不以人的意志为转移，无论是风调雨顺还是狂风暴雨，都是自然现象，与人类活动无关。总之，"人不能以行感天，天亦不能随行而应人"（《论衡·明雩篇》），意思是人不可能用自己的行

---

① 董仲舒是西汉儒学家，著有《春秋繁露》等。

为感天动地，天也不会响应人类，两者不会发生交感，所谓的天人感应纯属无稽之谈。

基于这一点，王充又驳斥了灵魂不灭、人死为鬼的迷信思想。他说："人死血脉竭，竭而精气灭，灭而形体朽，朽而成灰土，何用为鬼。"（《论衡·论死篇》）意思是人死后血脉枯竭，灵魂随之消灭，肉身也腐朽化作灰土，怎么会变成鬼呢？这世上根本没有鬼神。在科学水平低下的古代，王充能有这样的认识非常难得，他也因此成为中国无神论思想的先驱。

天人感应、神鬼迷信都是东汉时期的主流观念，从朝廷到民间信奉者比比皆是。王充却敢站出来批驳，这表现出一个读书人所应具有的独立思考能力和表达不同意见的勇气。

王充甚至还挑战了被历代统治者和天下读书人奉为"圣人"的孔子。在《论衡·问孔篇》里他质问：儒生把孔子的话当真理，可圣人也是人啊，难免有不周详的地方，怎么可能完全正确呢？例如，孔子曾告诉弟子，治理国家要做好三件事：民信、足食、足兵。意思是，首先要让老百姓信任统治者；其次要确保粮食充足，老百姓不饿肚子；最后，统治者要掌握足够的武力。王充却认为这样的排序是不对的。他质疑：如果老百姓连肚子都填不饱，还怎么信任统治者呢？所以"足食"才是最重要的，应该排在第一位。在王充看来，哪怕是孔子的观点，后人也应当考察辨析，不能照单全收。

不跟风、不盲从，勇于挑战主流观点，面对权威也从不退缩，这是王充身上最可贵的品质。《论衡》也因此显得文风犀利，极具攻击性。

两千多年后的我们翻阅这本书，仍能从字里行间闻到一股浓浓的火药味，不知不觉间眼前浮现出这样的场景：王充正神情激越地与人争论，批驳那些在他看来荒诞不经的观点。这和"横眉冷对千夫指"的鲁迅先生，还真有些相似之处。鲁迅先生钟爱《论衡》，还把它推荐给青年学子，原因可能就在于此吧！

王充的读书方法

王充作为东汉初年极具批判精神的思想家，曾因超前的思想被视为"异端"，在其生活的时代长期遭受冷遇，直至汉末，他的理念才被人们逐渐发现，重获新生。他的读书理念源于自身坎坷的人生经历，也深深植根于他对社会现实的深刻反思与对知识真理的不懈探索。

1. 批判性阅读

王充主张读书时应该保持独立思考，反对盲从权威和经典。在汉代，儒家思想被尊为正统，儒家的代表人物孔子也被尊为圣人，圣人之言被很多人视作不可撼动的真理。然而对王充来说，若以求真为标准来度量，圣人也不能例外。他创作了《问孔篇》《非韩篇》《刺孟篇》等文章，质疑的利剑直指孔子、韩非子、孟子等先贤。

在《论衡·问孔篇》里，他说人们"好信师而是古，以为贤圣所言皆无非，专精讲习，不知难问"，意思是说，我们总是在内心倾向于相信老师，认为古人是对的，以为圣贤所说的话没有错处，一门心思地学习，而不知道质疑和发问。事实上也确实如此，面对权威与经典，我们总是习惯于处在"被动接受"的状态，针对这一点王充在文章中直指其弊，他说："夫贤圣下笔造文……安能皆是？不能皆是，时人不知难；或是，而意沉难见，时人不知问。"明言即使圣人之言也难以尽善尽美，对于错处，人们不知质疑；对于不明白的，人们不知道提问。

王充在《论衡》中告诉大家，我们要带着问题去读书，从"单向输入"转为"双向互动"，从"被动接受"转为"主动追问"，在追问中消解"知识权威"的绝对性，培养问题导向的阅读观。我们现在所倡导的批判性阅读，提倡标注疑点、对比多源信息、构建个人思考框架，其实就是王充"问难""距师"阅读理念的现代化延伸。

2. "疾虚妄"的实证精神

除了主张批判性阅读之外，王充还特别重视知识的效验，所谓"事莫明于有效，论莫定于有证"，他反对人云亦云的盲从，主张面对一切未经检验的虚言妄说，要"考之以心，效之以事"，保持独立思考，以实践去效验真伪。

比如在汉代，人们普遍认为雷是天怒，是上天对于有过之人降下的惩罚。针对这种看法，王充写了《论衡·雷虚篇》一文，提出"五验"，以日常经验与自然现象为依据，论证"雷是火"的观点，否定"雷为天怒"的说法。这种基于实证的思考方式，展现了王充对自然现象的理性分析与批判精神。

王充这种疾虚妄，重效验的实证精神，对于我们今天的阅读，尤其重要。随着信息技术的飞速发展，我们每天都处在信息的洪流中，面对海量的信息，我们需要这种实证精神去辨别真伪，锚定理性。

3. 跨学科视野

根据《后汉书》记载，东汉时期的五经博士们皓首穷经，沉迷于章句之学，把对经典文本的注释演绎成了烦琐的文字堆砌，正所谓"幼童而守一艺，白首而后能言"。王充目睹了这种学术上的怪现象，对于那些只知道咬文嚼字的学者深恶痛绝，痛斥他们"不览古今，论事不实"，认为这些人的学问如同干涸的河床，失去了滋养现实的活力。针对当时的这种学术风气，王充提出了"通人"的概念。

小贴士

五经博士：是汉武帝设立的一种学官名称，专门负责传授儒家经典。五经包括《诗经》《尚书》《礼记》《周易》和《春秋》。在汉初，每部经典仅由一位博士负责传授，且严格遵循家法，因此有"五经博士"之称。

王充在《论衡·别通篇》里说"通书千篇以上，万卷以下，弘畅雅闲，审定文读，而以教授为人师者，通人也。"意思是说广泛阅读成千上万卷著作，在渊博学识中实现融会贯通，能够精确分析解读文献典籍，并且具备传授知识、为人师表的能力的人，可以称之为通人。这里所体现的是一种跨学科阅读的理念。

对于数字阅读时代的读者来说，算法推送内容会带来无可避免的认知陷阱，而王充所提倡的这种"通书千篇"进行广泛阅读的理念，强调知识的系统性，与当下所提倡的通识教育理念不谋而合，毫无疑问是帮助我们对抗信息偏食、阅读偏食的良方。

王充在强调学习读书时博览贯通的基础上，还非常强调知识的转化，所谓"为世用者，百篇无害"。在王充看来，真正的阅读应该是"观读采取"，在跨学科广泛阅读的基础上，以实践需求为指引，向纵深探索。只有这样才能使得阅读真正成为我们构建知识和精神世界的源头活水。

三

颜之推：乱世儒生的家训传奇

颜之推的故事

《颜氏家训》是我国第一部系统阐释家庭教育的著作，自问世以来，凭借其深刻的思想、丰富的内容和精辟的论述，成为实施家教、培养子弟的经典范本。后世的许多家训，如《钱氏家训》《包拯家训》《朱子家训》等，或多或少受《颜氏家训》影响。《颜氏家训》因此被誉为"家训之祖"。

《颜氏家训》的作者是南北朝时期的文学家、教育家颜之推。他的身世，可以用"颠沛流离，辗转迁徙"八个字概括。直到晚年，颜之推才安顿下来，开始撰写家训。他有意识地融入自身经验，用生动的笔触告诉世人，即便生活在动荡的时代，也要保持学习的热情，坚守读书人的操守。

颜之推

《颜氏家训》的内容和颜之推的个人经历是紧密结合的，要了解这部书，首先要了解这个人。那么接下来，就让我们走进颜之推的世界。

1. 才华卓著的"标准儒生"

颜之推，祖籍琅琊临沂（今山东省临沂市一带）。我们知道，山东是孔孟之乡，儒学的风气很盛。颜之推的家族也世代习儒。据说，颜氏的祖先可以追溯到孔子最为器重的学生颜回，受其影响，颜氏子弟自幼研读儒学经典，并用儒家的礼仪来规范自己的言行。琅琊颜氏由此成为著名的儒学世家。

西晋末年，为躲避战乱，琅琊颜氏渡过黄河，迁居南方。公元531年，颜之推出生在南方的江陵（今湖北省荆州市一带）。尽管家族迁居，文脉却未曾中断。在江陵，颜氏也是精通儒学、书声不绝的书香门第。颜之推的父亲颜协更以学识渊博、书法精湛而著名。只可惜颜协英年早逝，留下了年仅九岁的颜之推。所幸，他还有两位优秀的兄长。

大哥颜之仪，自幼聪慧，三岁能读《孝经》，长大后更是博览群书，擅长辞赋。二哥颜之善同样喜欢读书，每每废寝忘食。两人对儒家的礼仪也很有研究，并且认真实践，务求一举一动要符合儒生的标准。在两位兄长的言传身教下，颜之推从小诵读儒家经典，并按照儒家的要求行为处事。

《颜氏家训》里记录过这样的场景："每从两兄，晓夕温清，规行矩步，安辞定色，锵锵翼翼，若朝严君焉。"颜之推每天跟着两位兄长学习，冬天为长辈暖被窝，夏天给长辈扇风。做事循规蹈矩，说话时言辞平和、神态安详，走路时大方得体、恭敬谨慎。这完全是一副"标准儒生"的模样。

颜之推尊敬长辈

　　颜之推也继承了父亲和兄长的文学才华，其留存的作品中，《颜氏家训》尤其出色，既饱含深情又富有哲理，堪称经典之作。他还写了许多诗歌、辞赋，尤其是晚年写的《观我生赋》，将一生遭际和王朝兴亡相结合，沉郁顿挫、引人深思，是南北朝文学的代表作品。

2. 历经波折的"亡国之人"

　　在《观我生赋》中，颜之推用一句话概括了自己的一生——三为亡国之人。意思是，仅仅亡国的痛苦我就体验过三回，实在是太波折了。

　　个人命运的波折往往源自时代的动荡。颜之推生活的南北朝时期，政权更替极为频繁。短短 150 多年间，无论南方还是北方，都经历过多个政权的兴衰。一个人出生时可能属于某个王朝；年龄稍长，便可能风云突变，成为另一个王朝的子民；人到中年，也许统治者又换了。

小贴士

南北朝时期，指的是从东晋灭亡（公元 420 年）到隋朝统一全国（公元 589 年）之间的历史阶段。其间南北对峙，政权更迭如走马灯一般频繁。南方先后经历了宋、齐、梁、陈四个政权，而北方则出现了北魏、东魏、西魏、北齐、北周等政权。直到公元 589 年隋朝灭掉陈朝，全国才重归一统。

颜之推这辈子多次遇到这种情况，身不由己地卷入了一次次亡国之祸。

颜之推的出生地荆州江陵起初归南梁管辖，父亲颜协在荆州都督萧绎手下任职。颜之推成年后也做了萧绎的幕僚。后来南梁发生内乱，朝政崩坏，萧绎就在江陵自立为帝，史称梁元帝。颜之推成了他的臣子。公元 554 年，北方的西魏进犯南梁，攻破江陵，杀死梁元帝。时年 24 岁的颜之推沦为俘虏，首次尝到了亡国之痛。

西魏统治者看中颜之推的才干，准备将他带回北方，可他不愿意为敌国效力。渡黄河的时候恰好河水暴涨，场面十分混乱，颜之推趁乱逃走，跑到了河对岸的北齐。齐文宣帝高洋也是个爱才之人，就把颜之推留在了身边。

　　颜之推在北齐待了二十余年，侍奉过齐文宣帝高洋和齐后主高纬，给他们当秘书，负责撰写公文、处理奏章等。据史书记载，颜之推的公文写得又快又好，能精准契合皇帝的心意，因而颇受赏识。然而公元577年，北周攻灭北齐，颜之推和大批北齐官员一起被俘。颜之推再一次经历亡国。

　　北周统治者同样欣赏颜之推的才干，授予了他官职。但仅仅过去四年，北周政局骤变，权臣杨坚篡位，建立隋朝，北周王朝宣告覆灭。随着朝代更迭，颜之推由北周旧臣转变为隋朝子民。而这，已经是他第三次经历亡国的变故了。此后，颜之推作为隋朝臣民度过了十余年的时光，直至大约公元597年去世。

　　纵观颜之推的人生轨迹，可以说既不幸又幸运。不幸的是，他历经南梁、北齐、北周、隋四朝，一辈子颠沛流离、辗转迁徙，几乎没过几天安生日子。

颜之推颠沛流离的一生

29

不幸中的万幸，由于出身大家族且富有才干，不管到哪里，他总能得到统治者的青睐，获得一官半职，从而在乱世中得以保全性命。最终，颜之推等到了全国统一、和平降临的时刻，得以度过一个相对平静的晚年。

3. 流传千古的"家训之祖"

颜之推能在乱世中立足，和家庭教育是分不开的。试想，如果不是从小熟读儒家经典，深谙治国理政之道，颜之推恐怕在每次被俘时都会被当成普通俘虏，那么等待他的将多是悲惨的命运。此外，颜之推恪守儒家的行为规范，以品行端正、忠诚可靠著称。这种高尚的品格和卓越的能力，正是他能得到不同统治者信任的重要原因。

要知道，在南北朝这样的乱世，毫无节操的投机者大有人在。不管谁当皇帝，他们都能投其所好，谋取私利。可颜之推始终保持儒生本色。无论为哪个政权服务，他都是勤勤恳恳、兢兢业业，远离官场的是是非非，因此，颜之推不仅在同僚中享有极高的声誉，更受到皇帝的赞赏和器重。

《颜氏家训》

对颜之推来说，个人的命运或许自己无法掌控，但学识和品

行是自己的，不能放任自流。他晚年撰写《颜氏家训》，就是要向子孙传达这样的理念。

《颜氏家训》分七卷，总计二十篇，对家庭教育的理论和方式进行了全面而深入的阐述。其中，颜之推特别强调读书学习的作用。他以亲身经历为例，说自己当年在南梁的时候，眼见贵族子弟不学无术，沉湎玩乐，一旦朝代更替，昔日贵公子降为平民，由于没有一技之长，只能沦落街头，生活困顿；相反，那些出身平凡却熟读《论语》《孝经》的小人物，却能凭借学识为人师表，谋得生计。所以颜之推谆谆教诲颜氏子弟，一定要认真学习，拥有一技之长，这样才能安身立命。

具体到学什么、向谁学，颜之推持开放态度。儒家典籍当然要读熟、读好，除此之外，其他学说也要有所涉猎。而且光死啃书本不行，还要向各色人等学习。在颜之推看来，无论是农夫、商人、工匠，还是牧人，他们身上都有值得借鉴的闪光点，君子应当博采众长，才能成就自己。

《颜氏家训》问世后被颜氏子弟奉为至宝，代代遵循。这部家训不仅为颜氏家族奠定了深厚的家风基础，更培养了一代又一代的杰出人才。从唐代大学问家颜师古、大书法家颜真卿，到明代思想家、教育家、"颜李学派"创始人颜元……家风绵延不绝。《颜氏家训》的社会影响力也越来越大。它被誉为"家训之祖"，千百年来被反复刊刻，至今不衰。颜之推也凭借这本书及其传奇经历，成为中国家庭教育的典范。

颜之推的读书方法

在被后世誉为"篇篇药石，言言龟鉴"的《颜氏家训》中，有一篇《勉学篇》集中阐述了颜之推对于读书学习的深刻见解与独到方法。我们来一起看看这位几百年前的教育家，是怎么看待读书学习这件事儿的吧！

1. 易习而可贵

读书在千百年来的文人笔下，被赋予了不同的面貌。有人认为读书是件乐事，比如陶渊明说："泛览《周王传》，留观《山海》图。俯仰终宇宙，不乐复何如？"有人认为书就像一位老朋友，不论什么时候，你是忧伤或是快乐，都可以邀它相伴，比如于谦就说："书卷多情似古人，晨昏忧乐每相亲。"有人认为读书是件需要勤下功夫的苦差事，比如杜甫就说："富贵必从勤苦得，男儿须读五车书。"而在颜之推的笔下，读书是最可贵也最容易掌握的安身立命的本领。

在《勉学篇》里，颜之推用非常质朴的语言表达了这个观点，他说：我们读儒家的典籍，涉猎各个思想流派的书，就算不能增进德行，整顿风俗，也能够成为一项赖以谋生的技能。为了能够让颜氏族中的子弟充分地认识到这一点，颜之推在文章里循循善诱，他说："父兄不可常依，乡国不可常保，一旦流离，无人庇荫，当自求诸身耳。谚曰：'积财千万，不如薄技在身。'伎之易习而可贵者，无过读书也。"

他想让族中子弟们明白，父母兄弟很难长久地依靠，家乡邦国也不能常保无事，一旦流离失所，没有人庇荫保护，就只能依靠自己了。在各种技艺中，最容易学习且最值得推崇的，莫过于读书。读书，能够让我们认识更多的人，见识更多的事物，能帮助我们在流离失所的时候得以安身立命。

人们常说态度决定一切，对待一件事的态度会直接影响我们的行为，读书这件事也一样。只有对读书有正确的认识，才能正确对待它。这也是颜之推在《勉学篇》中希望后世子弟能够首先明白的道理。

2. 读书在能行

我国古代一向重视"学"与"行"的统一，从孔子的"学而时习之"到王阳明的"未有知而不行者，知而不行，只是未知"，都体现出他们知行并重的观点。颜之推在《勉学篇》中也表达了这样的观点。他说"夫所以读书学问，本欲开心明目，利于行耳"，明确地提出读书是为了修身利行，要通过读书修身养性、提升道德，进而指导我们的行为。

每个人读书学习的目的不同，颜之推认为古人读书学习的目的更为纯粹，他们为自己学习，是为了能够弥补自身的不足，提升自我；为别人学习，是为了能够践行真理，为社会谋福利。而现在有些人读书学习只是单纯为了能够向他人炫耀，这显然是不可取的。我们应该向古人学习。

3. 学无迟暮

近些年，"终身学习"的理念日益受到社会各界的重视与推崇。所谓终身学习，是指我们每个人为了适应社会发展的需要或要实现个体的发展，贯穿一生的、持续的学习过程，是一种主动的学习习惯。有赖于联合国教科文组织及其他有关国际机构的提倡与推动，1994年，"首届世界终身学习会议"在罗马举行。近些年，终身学习的理念逐渐成为全世界范围内的社会共识。然而向上追溯的话，早在1000多年前的中国，生活在南北朝时期的颜之推就已经提出了这个理念。

在《勉学篇》里，颜之推将读书学习比喻成光照，他说一个人从小就读书学习，就像旭日东升放出的光芒；而老的时候读书学习，就像手持蜡烛在夜里行走，虽然光亮不如初生之阳，也好过闭上眼睛什么东西也看不见。这是一个非常朴素又极为形象的比喻，所传达的就是终身学习的理念。他还举了魏武帝曹操、西汉丞相公孙弘、汉代名臣朱云这些历史名人的故事作为例证，向我们生动地阐释了一个道理：对任何人而言，任何时候开始读书学习，都不算晚。

从小读书学习，就像旭日东升放出的光芒

4. 博以求通，专以成用

读书学习究竟应该广泛涉猎，还是应该专精一门呢？对于博与专的关系，颜之推也有自己的看法。他在《勉学篇》里说，一个时代的学风，往往受到当时社会风气的影响。在汉代，学者们往往通过专精研习某一部儒家经典来传承和弘扬圣人之道，上察天命，下通人事。到了汉末时期，风气开始发生变化，人们开始以博览群书为贵，难以下力气钻研一门学问。颜之推认为读书初期应该博览群书，广泛接触各类经典和知识，通过广泛阅读，形成全面的知识体系，避免狭隘和偏见。但同时，读书又不能只流于表面，必须在博览的基础上有所专精。

我们前面提到过，颜之推认为读书是为了修身利行，要能够学以致用。所以他认为，人们读书学习必须在博览的基础上有所专精，选择自己感兴趣的领域深入研究，做到"精于一艺"。在《颜氏家训》里他批评了那些"问一言辄酬数百，责其指归，或无要会"的人。这些人，你问他们一个问题，能滔滔不绝回答几百句，但如果你追问问题的核心，他们却怎么也抓不住要点。就好比邺下谚语里说的："博士去买驴，契约写了三大张纸，还没见到写出个驴字来。"

他还把读书学习比喻成给人看病，说读书做学问，就好比医生给人看病，需要先通晓人体的经络、药性、病理这些基础知识，但真正治病的时候，需要针对具体病症开方用药，就如同读书人需要先广泛涉猎经史子集，再在某一领域深入研究，才能解决实际问题。他认为，只懂"百病方论"却不会治病，或只会治一种病却不懂其他病例，都是偏颇的。唯有"博通"与"专攻"结合，才称得上是真正的学者，真正的良医。

博士买驴

颜之推这种学以致用、博专兼美、终身不辍的读书观，对后世的教育和读书方法都产生了深远的影响，值得我们深思与借鉴。

四

欧阳修：全能型的“通才”

欧阳修的故事

一个人一辈子能有一项成就就很了不起了，欧阳修却利用有限的生命，在政治、文学、史学等多个领域都绽放出耀眼光芒，成就了非凡事业。

政治上，欧阳修为官四十多年，以其正直的品格、卓越的才干，从地方官员逐步晋升至宰相。在文学方面，欧阳修作为北宋诗文革新运动的领袖，开创了一代文风，创作了《醉翁亭记》等不少传世佳作。在史学领域，他还主持编撰了《新唐书》和《新五代史》两部巨著，跻身史学大家之列。

像这样的全能型人才，在历史上是不多见的，人们一般称之为“通才”，对其推崇备至。下面，我们就走进这位通才的世界，体会他一生的功业和成绩。

1. 幼年丧父，年少得志

北宋景德四年，即公元 1007 年，欧阳修出生于绵州（今四川省绵阳市一带）。父亲欧阳观是当地的一名官员，56岁时生下了欧阳修，属于老来得子，别提多高兴了。可惜三年后欧阳观因病去世，留下年轻的妻子和一双儿女。欧阳观为官清廉，身后没多少遗产。欧阳修的母亲孤苦无依，只得带着子女投奔欧阳观的弟弟，也就是欧阳修的叔父，在随州（今湖北省随州市）做官的欧阳晔。

欧阳晔家境同样不富裕，因此，欧阳修自幼在困顿中成长，各方面条件都很拮据。可他的学习一点没耽误，而这正得益于他的母亲。

欧阳修的母亲郑氏，出身名门，深知读书的重要性。家里买不起书，她就四处借书，然后指导儿子阅读；买不起纸笔，就让儿子以荻（芦苇）作笔，在河滩上习字，成语"画荻教子"便是这么来的。

画荻教子

17岁那年，欧阳修参加乡试，尽管落榜了，但他认真总结经验教训，果然在下一轮乡试中胜出。此后，欧阳修参加了国子学广文馆的入学考试。

北宋国子学设在京城开封府（今河南省开封市），相当于全国最高学府，下设广文馆、太学馆和律学馆。其中，广文馆专为有志于考取进士的士子准备，教授诗赋、经义、策论等科举必考科目，竞争异常激烈。欧阳修不但考上了，而且名列第一，入学后还屡次在考试中拔得头筹。国子学是藏龙卧虎之地，不乏从小受名师指点的官宦子弟，如今风头却被一个名不见经传的寒门子弟抢走，众人不禁为之侧目。于是，欧阳修成了国子学的"小明星"。

他还得到了当朝重臣晏殊的青睐。事情是这样的。一次，晏殊来国子监主持考试，出题时故意留了个破绽，结果全场考生中唯独欧阳修发现了差错，上前请教。晏殊大为赞赏，说："只有你真正看懂了题目！"

> 晏殊可是北宋政治家、文学家，擅长诗词，以《浣溪沙》中"无可奈何花落去，似曾相识燕归来"一句最为知名。

天圣八年（1030年），欧阳修在宋仁宗主持的殿试中进士及第，从此走上仕途。据说，考前大家都认为状元非欧阳修莫属，谁知道成绩公布后他只排在第十四位。原来，主考官晏殊认为欧阳修太顺了，担心他得意忘形，有意挫一挫他的锐气。不管怎么说，24岁考取进士，已经是少年得志了。

欧阳修

2. 为官正直，锐意革新

从24岁初登仕途到65岁辞官退休，欧阳修为官四十余载，始终秉持父亲欧阳观、叔父欧阳晔的作风，以清廉正直著称。

一件小事颇能反映欧阳修的气节。庆历元年（1041年）末，开封天降大雪，所谓瑞雪兆丰年，朝野欢腾，宰相晏殊特地设家宴，召集百官庆贺。席间别人都大唱颂歌，将瑞雪归功于宰相治理有方，只有欧阳修写诗讽刺说："须怜铁甲冷彻骨，四十余万屯边兵。"原来当时宋朝正和西夏打仗，数十万宋兵驻守在天寒地冻的西北，宰相却在后方大摆宴席，两相比较，反差太过强烈。晏殊提携过欧阳修，可欧阳修仍一点面子不给，足见其风骨。

担任开封府尹期间，欧阳修更是不畏权贵、坚持法制。开封府皇亲国戚众多，这些人常常倚仗权势，肆意妄为，一旦触犯法律，就请出圣旨为自己开脱。欧阳修上任不久，居然接到了十次这样的圣旨，他郑重地向宋仁宗提出：皇帝应当尊重开封府的判决，不要妄加干涉。宋仁宗接受了。欧阳修的铁面无私换来了京畿重地的井然有序，不仅皇帝满意，开封府的老百姓更因为不再受达官显贵欺负而对欧阳修交口称赞。

欧阳修也有锐意革新的一面。

他初入仕途时北宋立国已有70多年，虽表面承平日久，实则弊病丛生。欧阳修经常和范仲淹、韩琦、富弼等人讨论时事，倡议改革。庆历三年（1043年），在宋仁宗的支持下，范仲淹、欧阳修等推动改革，史称"庆历新政"。欧阳修对整顿吏治、改善财政、对外用兵、改革科举等方面都提出过建议，可谓锋芒毕露。然而，面对守旧派强烈反扑，生性谨慎、求稳怕乱的宋仁宗选择了妥协。随着范仲淹、欧阳修等改革派核心人物相继遭贬斥，庆历新政夭折。

此后欧阳修收敛锋芒，踏踏实实做地方官，力所能及地为老百姓做实事、好事。宋仁宗看在眼里，非常满意，又将他调回中央。及至晚年，欧阳修已经做到参知政事的高位，相当于当朝宰相了。此时他精力不济，很难应付繁重的政务了，所以屡屡请辞。宋神宗登基后批准欧阳修离开中央，任青州（今山东省青州市一带）知州，让他半退休。又过了几年，欧阳修才彻底退休，并于1072年与世长辞，终年66岁。

小贴士

公元1063年，宋仁宗驾崩，他在位四十二年，是宋朝在位时间最长的皇帝。继位的宋英宗体弱多病，在位仅三年就去世了，由其长子宋神宗继承皇位。

3. 文坛宗师，史学大家

真正让欧阳修名垂千古的，是他在文学和史学两大领域的造诣。

就文学来说，欧阳修是开创风气的文坛宗师。他年轻时，文坛盛行"华丽风"，人们写诗作文喜欢堆砌辞藻和典故，通篇花里胡哨，思想却极为贫乏。欧阳修主张，写文章最重要的是言之有物，修辞的目的是让表达生动形象，更具说服力，倘若片面追求文采，就本末倒置了。他推崇唐代韩愈、柳宗元的诗文，并努力向他们学习。

欧阳修游走于文学与史学之间

但欧阳修并不盲从古人，而有独立的趣味和判断。例如，韩愈为避免陈词滥调，刻意求新求变，爱用冷僻字，欧阳修认为这就走过头了。他自己的文章，如《醉翁亭记》《秋声赋》，都是简洁优美、朗朗上口的。

在欧阳修的倡导下，北宋文坛一扫华而不实的积弊，文风变得清新了。

欧阳修还乐于提携新人。他不仅悉心指导王安石、曾巩等青年才俊，更以开放、包容的态度接纳苏洵、苏轼、苏辙父子，或亲自指导文章，或为其延誉推介。上述五人，连同欧阳修自己，恰好构成了“唐宋八大家”中的“宋六家”。欧阳修以其文学造诣和育人成就，成为宋代文坛承前启后的关键人物，是名副其实的宗师。

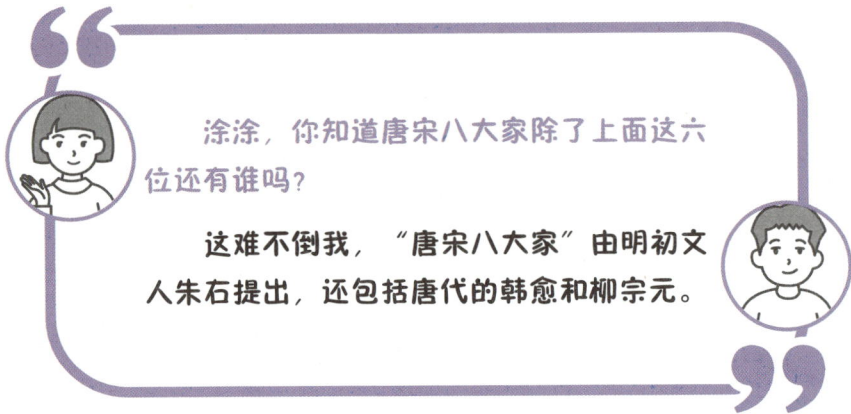

> 涂涂，你知道唐宋八大家除了上面这六位还有谁吗？
>
> 这难不倒我，"唐宋八大家"由明初文人朱右提出，还包括唐代的韩愈和柳宗元。

　　欧阳修对词也有一定贡献。当时宋词初兴，内容多为儿女情长，引起一部分士大夫的批评，觉得伤风败俗。欧阳修认为人有七情六欲，通过词来抒发有何不可？他身体力行，写了不少婉约柔情的词：

　　泪眼问花花不语，乱红飞过秋千去。(《蝶恋花·庭院深深深几许》)

　　月上柳梢头，人约黄昏后。(《生查子·元夕》)

　　离愁渐远渐无穷，迢迢不断如春水。(《踏莎行·候馆梅残》)

欧阳修写词抒发情感

单看这些诗句，你真会以为欧阳修是一位多愁善感的纤弱诗人。可如果阅读他编纂的史书，就是另一番风味了。

中国古代有新王朝为前朝修史的惯例，目的是总结前朝教训，确保新王朝得以长治久安。欧阳修出生前，已经有《唐书》和《五代史》了，但这两部史书最初编写的时候比较仓促，错漏百出，不能起到"以史为鉴"的作用。于是欧阳修耗费数十年精力，主持完成《新唐书》和《新五代史》的编纂工作。比起旧史，《新唐书》和《新五代史》材料翔实、记叙严谨、条理清晰，对王朝兴亡的观察与评论更为深刻，为后人研究唐朝、五代时期的历史提供了宝贵的资料和重要的参考依据。欧阳修史学大家的地位也由此奠定。

欧阳修的学生、大文豪苏轼曾说，老师的文章能与韩愈媲美，诗赋能与李白比肩，史学成就堪与《史记》作者司马迁并驾。纵观欧阳修一生的行迹与成就，他确实当得起这样的赞誉。

欧阳修的读书方法

作为北宋时期的文坛领袖，欧阳修的读书治学方法注重时空管理效率、强调认知深度，形成了自己独特的体系，有许多值得我们借鉴、实践的地方。

1. 三上读书法——超强的时间管理

提到欧阳修的读书方法，可能大家最熟悉的就是"三上读书法"

欧阳修在马上读书

了。欧阳修在《归田录》中曾经自述说："余平生所作文章，多在三上，乃马上、枕上、厕上也。"意思是说，他这一生所写的文章，大多都构思于骑马的时候、躺着休息的时候、上厕所的时候。但实际上我们可以把这"三上"理解为一切能够利用的时间和空间。欧阳修认为自己顷刻不学则殆，他自觉地要求自己抓紧一切机会读书学习。所以，我们也可以把欧阳修的"三上读书法"简单明了地概括成一句话——随时随地读书学习。

那么，利用这些碎片化的时间，欧阳修究竟创作了多少文章呢？据统计，欧阳修一生笔耕不辍，一共创作了两千余篇散文、一千多首诗词，此外还编纂了两部史书，留下了《集古录》《归田录》等多部学术笔记。可以说在利用碎片化时间进行读书学习这方面，欧阳修简直就是古代的时间管理大师。

2. 闹中取静——专注力的培养

除了注意对时间的管理和利用，欧阳修在读书学习上特别注意专注力的培养。在宋明文人的笔记中，曾提及欧阳修会选择在喧闹的地方读书和批阅文书，这种举动就好比在金鼓间操练，如果能做到专精，那么将来真的上战场必然不会乱了阵脚。

小贴士

　　金鼓用于指挥古代军队行军作战。命令军队行动与进攻就打鼓，即鸣鼓而攻；而命令军队停止或退回就击钲，即鸣金收兵。

我们都明白读书最好在安静的地方，但是欧阳修主动选择去喧闹的地方读书，用意是锻炼自己的专注力。我们现在有一个词叫作注意力阈值，指的是一个人在特定情境下能够集中注意力的最低刺激水平。这个注意力阈值是可以通过锻炼不断提升的。选择在喧闹的地方读书，相当于对自己进行抗干扰训练，慢慢建立起心理隔离机制，培养出闹中取静的本领。

专注力的提升能够大大地提高阅读和学习的效率，达到事半功倍的效果。所以欧阳修这种主动锻炼提升自己专注力的做法，十分值得我们学习。

3. 读书应有诘难——批判性阅读

欧阳修在读书学习时，极具质疑精神。他认为学习是为了探求真理，应该拥有独立思考的能力，不盲从权威，有质疑才能更好地进步。作为宋代文谈的领袖，欧阳修的这种怀疑精神对整个宋代的文风和学风都有着深远影响。

欧阳修不仅在自己读书学习时富有质疑精神。他在教授学生的时候，也同样这样要求学生。他在国子监推行"质疑—辩论—重构"的教学法，让学生带着质疑的精神去学习和思考。

他的学生曾巩等在笔记中回忆自己的老师时，曾提及欧阳修常以疑难问题引导学生思辨。这种"以疑促学"的做法也得到了学界的普遍认可。

　　质疑是求知的钥匙，据传，欧阳修在崇文院^①留下的最后批注就是对《孟子》“尽信书不如无书”的朱笔圈点。这种闪烁着理性之光的质疑精神虽历经千年，仍熠熠闪光。

---

① 崇文院：我国宋代贮藏图书的官署。

苏轼：用诗性照亮人生

苏轼的故事

北宋嘉祐二年（1057 年）正月的开封天气寒冷，礼部贡院里的气氛却十分热烈。原来，正在批阅试卷的考官梅尧臣①发现了一篇题为《刑赏忠厚之至论》的奇文。在六百余字的篇幅里，作者用简约的文辞把道理讲得清楚明了，且文笔十分优美，显示出了作者强大的文字驾驭能力。梅尧臣击节赞叹，马上拿给主考官欧阳修欣赏。欧阳修读罢此文也大加推许，认为作者应拔得头筹。不过他担心文章是自己的学生曾巩所写，取为第一会招来闲话，便让其屈居第二。

放榜后大家才知道，这篇奇文竟出自一个名叫苏轼的 20 岁出头的年轻人之手。苏轼正是以这样戏剧化的方式，登上了历史舞台。

1. 成名：来自四川的"神童"

苏轼，字子瞻，号东坡居士，北宋景祐三年（1036 年）生于眉州（今四川省眉山市）的一户书香之家。他的父亲苏洵的一生颇具传奇色彩。

---

① 梅尧臣，字圣俞，北宋诗人、官员，诗风以"闲肆平淡，涵演深远"著称，具有很高的艺术性和思想性。

苏洵喜欢读书作文，却厌恶科举，年轻时一度放下书本，四处游历以增长见识。直到 27 岁，苏洵才硬着头皮学习应试技巧，参加过几次科举，可惜都没考中。但他的才华得到了认可。当朝宰相、文坛领袖欧阳修就认为苏洵的文章天下无双，只因不擅长应试，加上运气差些，才名落孙山。

这样一位博学多才的父亲对子女的培养也是多方面的。首先，苏轼和弟弟苏辙在苏洵的指点下饱读诗书，接受了良好教育。这为兄弟俩日后在文学、政治等领域的卓越成就奠定了重要基础。其次，苏洵对自由的热爱、对独立思考的坚持也深深影响了下一代。苏轼一生从不人云亦云，而是依据自己的思考做判断，同时又保持达观的心态，即便颠沛流离也能随遇而安。这些皆源于父亲的言传身教。

母亲程氏也在苏轼的成长过程中起到了重要作用。古代女性地位低下，通常没受过教育，苏轼的母亲程氏却是例外。她出身名门，知书达理，嫁给苏洵后一心相夫教子。每当苏洵出门游历，苏轼、苏辙的教育就由程氏负责。她以循循善诱的方式引导孩子，而且十分注重品德培养，希望孩子们做正直善良的人。一次，程氏指导兄弟俩读《后汉书·范滂传》，母子三人为东汉大臣范滂正直的品行和不幸的遭遇而感慨。一旁的苏轼问："以后我成为范滂那样的人，母亲也会嘉许吗？"程氏笑说："你要是能成为范滂，我可就是范滂的母亲了。"随即赞叹："我生了个好儿子！"

在父母的悉心栽培下，苏轼和苏辙才学日进，并逐渐在家乡眉州乃至整个四川有了名声，被誉为"神童"。

苏轼一家

　　嘉祐二年（1057 年），苏洵送两个儿子去开封府参加科举考试。正是在此次考试中，苏轼的《刑赏忠厚之至论》一文获得梅尧臣和欧阳修的赏识，一鸣惊人。在之后由宋仁宗主持的殿试中，苏轼和苏辙同样发挥出色，双双考取进士。这一年苏轼 21 岁，苏辙未满 20 岁，这让苏洵感慨万千：自己一辈子难以企及的高度，却被两个儿子轻易攀折，怎能不令人百感交集？

2. 仕途：颠沛流离的官宦生涯

　　然而，苏轼的仕途并不顺利。这同他不趋炎附势、随波逐流，坚持独立思考的性格有关。他对王安石变法的态度就颇具代表性。

　　所谓王安石变法，指宋神宗在位时任用以王安石为首的变法派，推行的一系列新法。在这场轰轰烈烈的变法运动中，大臣们分为两派：韩琦、欧阳修、司马光这样经验丰富的稳健派，认为变法步子迈得太大，做法也太激进，不妥当；曾布、章惇、吕惠卿等年轻的改革派则积极响应，大力推动变法。

苏轼与曾布等人同龄，名气却大得多，如果他支持变法，皇帝一定会青眼有加，委以重任。可那就不是苏轼了。苏轼赞成稳健派的意见，批评变法派操之过急，损害国计民生。他还提醒宋神宗，有些官员鼓吹变法是想博取皇帝好感，获得升迁，皇帝应当保持清醒的认识，不要被误导。

苏轼的直言进谏触怒了锐意改革的宋神宗。皇帝先是将苏轼贬为杭州通判，随后采取频繁调任的策略加以惩戒。往往苏轼在某地刚干了几个月，就又被调往别处。如此反复折腾，不仅使苏轼难以施展政治抱负，更让他在颠沛流离中饱尝仕途艰辛。

有人还逢迎上意，落井下石。他们翻检苏轼的诗文，断章取义，说里面有攻击皇帝、诽谤朝政的内容。宋神宗于是命令将苏轼押解回京，送御史台审问，酿成了"乌台①诗案"。

由于是皇帝亲自下旨，御史台自然迎合上意，逼苏轼认罪。这一来朝野哗然，大臣纷纷上书说情，连变法派也认为用文字狱迫害大臣上不得台面。何况苏轼的才华举世公认，万一有个三长两短，宋神宗就成了昏君，所以最后宋神宗只得下令放人。苏轼在狱中待了130天，肉体和精神饱受摧残。

宋神宗驾崩后，继位的宋哲宗年幼，由祖母高太后临朝听政。高太后反对变法，于是贬斥变法派，重新起用司马光、苏轼等人，打算全面废黜新法。这时候苏轼却提出，新法并不全是坏的，其中好的部

---

① 御史台又称"乌台"，是宋代中央司法机关之一，负责纠察、弹劾官员。

分应当保留。为此他与司马光等人激烈争执，结果再遭贬斥，离开京城。

待宋哲宗亲政，恢复新法，又轮到反对变法的人倒霉了。苏轼虽然为新法说过好话，但在宋哲宗眼里仍然属于顽固派，因此将他一贬再贬，一直赶到偏远的儋州（今海南省儋州市）。1100年，宋哲宗驾崩，宋徽宗继位，苏轼才获得赦免。而他的生命也即将走到尽头。翌年，苏轼病逝于北归途中。

苏轼一生颠沛流离

从21岁入仕到65岁辞世，颠沛流离构成了苏轼人生的主旋律。"问汝平生功业，黄州、惠州、儋州。"在《自题金山画像》中，苏轼以这样的诗句自嘲，这也是其整个官宦生涯的真实写照。

3. 达观：逆境中的诗性光芒

尽管仕途坎坷，但作为地方官，苏轼始终恪尽职守。无论在哪里做官，他都抱定"为官一任，造福一方"的宗旨，为民众谋福利。

担任杭州知州时，苏轼发现因疏于治理，西湖湖底淤泥堆积、野草丛生，致使湖水淤塞，西湖有沦为死水的危险。于是他率领民众疏浚河道，并将挖出来的淤泥构筑为堤。这条堤坝就被杭州人亲切地称为"苏堤"。苏轼还在湖中建起三座石塔，形成"三潭印月"的绝美景观。

任职儋州期间，苏轼与当地的黎族同胞打成一片。他中意黎族同胞酿的酒，经常一边喝着酒，一边和黎族同胞聊天，其乐融融。他还戴着黎族特制的藤帽，赤脚渡水穿林，劝当地人开荒种地，教他们读书写字，培养了众多弟子。其中一个叫符确的弟子日后参加科举，成为海南历史上第一位进士。

勤于政务之余，苏轼也没落下创作。有学者发现了一个有意思的现象：苏轼的创作欲和仕途是否顺利呈反向关系。仕途不顺，创作欲就高涨；仕途顺利，创作便陷入低谷。想来，挫折更能激发情绪，让人想要表达。苏轼的可贵之处在于，他不曾怨天尤人，而是将郁闷曲折的情绪，化为一篇篇绝妙好词。

乌台诗案后，苏轼被贬到黄州（今湖北省黄冈市一带），当了个没有实权的团练副使。其间，他与友人多次探访赤壁古战场，抚今追昔，写下《赤壁赋》《后赤壁赋》《念奴娇·赤壁怀古》等名篇。苏轼超越了个人荣辱得失的局限，以其深邃的思想和博大的胸襟与历史对话、与天地交融，抒发着他对人生的深刻思考和对自然的敬畏之情。

小贴士

黄州赤壁并非三国时期吴蜀联军击败曹魏大军的赤壁古战场，一般认为，真正的战场在今湖北省赤壁市。苏轼其实是在借景抒情、借题发挥。

绍圣元年（1094年），苏轼被贬惠州（今广东省惠州市）。当时的惠州尚属蛮荒之地，苏轼贬谪至此时已年近花甲，境遇可谓凄惨。但他并未因此消沉。两年多时间里，苏轼寄情于岭南山水、醉心于诗文创作。"竹杖芒鞋轻胜马，谁怕？一蓑烟雨任平生"（《定风波·莫听穿林打叶声》）正是他豁达胸襟的真实写照。"日啖荔枝三百颗，不辞长作岭南人"（《食荔枝》）的诗句，让"惠州荔枝"名扬天下。

据统计，仅在黄州和惠州两地，苏轼就创作了大约1400篇（首）诗词文赋。其实他每到一个地方都有诗作传世，为当地留下弥足珍贵的文化资源。

现代著名作家、《苏东坡传》的作者林语堂曾说："一提到苏东坡，中国人总是亲切而温暖地会心一笑。"的确，身处逆境的苏轼以达观的态度面对苦难，用诗性的光芒照亮了自己的人生，也照亮了后人的心灵。

苏轼为人豁达开朗

苏轼的读书方法

苏轼可以说是一位名副其实的"斜杠青年"，诗词、书画、美食全能，甚至还会研究水利工程，设计西湖疏浚方案。他如此全能，很大程度上得益于他自己独创的一套读书学习方法，这套方法与现代认知科学中的许多理念高度契合。现在就让我们来看看这位千年前的跨界学霸是如何高效阅读的。

1."八面受敌"读书法

苏轼在《又答王庠书》中说："卑意欲少年为学者，每一书皆作数过尽之。书富如入海，百货皆有，人之精力，不能兼收尽取，但得其所欲求者尔。故愿学者每次作一意求之。如欲求古今兴亡治乱、圣贤作用，但作此意求之，勿生余念。又别作一次，求事迹故实典章文物之类，亦如之。他皆仿此。此虽迂钝，而他日学成，八面受敌，与涉猎者不可同日而语也。"

王庠是苏轼的弟弟苏辙的女婿，自幼聪慧过人，是当时有名的饱学之士。苏轼在给王庠的书信中说的这段话，是他给年轻人读书学习的一个建议。他认为年轻人做学问，每本书都应该多读几遍。这些典籍包罗万象，包含各种各样的知识，我们很难穷尽其全部内容，就先从自己的兴趣和需求出发，有选择性地学习。每次读的时候专心解决一个问题，多读几遍。虽看似学习缓慢，却能在长期积累中形成多维度、深入的见解，和那些只是浅尝辄止泛读的人不同。

"八面受敌"的意思是功力深厚，能应付各种情况。苏轼这个"八面受敌"的思路大概是受到了《孙子兵法》里"我专而敌分"思想的启发，暗合了兵法策略，他将读书比作用兵，面对海量信息，集中精力逐个击破，避免迷失在知识的汪洋大海中。

南宋学者陈鹄在《耆旧续闻》中有一段关于苏轼读《汉书》的记载。书中说苏轼在谪居黄州的时候，有一天在手抄《汉书》，朱司农前来拜访。苏轼对来访的朱司农介绍自己读《汉书》的方法，他说："吾尝读《汉书》矣，盖数过而始尽之。如治道、人物、地理、官制、兵法、货财之类，每一过专求一事。"大意是说，我读《汉书》，要读好几遍，每一遍专门研究其中的一个问题，这样读几遍下来，我对这些学问就都明明白白的了。

不得不说，苏轼确实是一个天才，他的这种"八面受敌"读书法，其实类似于我们现在常说的"主题阅读法"。现代的认知科学里有"组块化学习"理论，心理学研究表明，人脑在处理过于复杂的信息时，需要将信息分解成为"有意义的组块"。苏轼这种分次专攻、各个击破的读书方法，就和这种组块化学习的理念非常契合。在对书籍形成基础了解之后，将其中的知识进行拆分解构，然后按自己的需求和理解进行重新构建，这是一种知识学习的元方法，能够帮助我们真正把书本上的知识内化成为自己脑海里的学问。我们在读经典作品的时候，就可以借鉴苏轼的这种读书方法，尝试把一本书提炼出几个不同的主题，每次专攻一个主题，或许会有不同的学习感受和收获。

2. 抄读一体的治学方法

前面在介绍苏轼的"八面受敌"读书法的时候提到苏轼学习《汉书》是边抄边读的。这件事在宋代和后代学者的笔记中都有记载。

苏轼抄书

明代杨慎的《升庵集》中有《苏公读书法》笔记一条，记载道："尝有人问于苏文忠公曰：'公之博洽可学乎？'曰'可。吾尝读《汉书》矣，盖数过而始尽之。如治道、人物、地里、官制、兵法、货财之类。每一过专求一事，不待数过，而事事精核矣。'"

很多人也许会觉得难以置信，作为前四史之一的《汉书》大约有80 万字，如果单纯依靠手抄的话，抄三遍大概需要几年的工夫。苏轼贬谪到黄州一共四年多的时间，那岂不是每天只能抄书？其实苏轼的这种抄书，应该是分主题、选择性抄录，即按主题摘抄关键章节，并不是每次都全本誊抄。

很多人可能听过这样一句俗语——好记性不如烂笔头，这句话老师上课时也会经常强调。但实际上，这句话只强调了抄写的功能之一——强化记忆。苏轼的这种将抄写和阅读深度结合的抄读一体的读书方法可绝不仅仅是一种记忆手段，更是一种思考和锻炼大脑的方法。现代脑科学的研究表明，人在边阅读边摘抄的时候，大脑启动的是一种多感官协同的编码机制。在这个过程中，大脑需要同时调动负责视觉、运动以及负责空间感知的神经元。这会刺激大脑形成全新的神经通路。所以说苏轼这种通过主题化抄录来实现深度理解的读书方法真的是非常有效的，值得我们去学习。

我去问问人工智能，什么是神经通路？

它是由数级神经元组成的一个神经链，能传导某种特定信息。一般来说，有效的神经通路越发达，人也就相应会越聪明。

　　苏轼的读书智慧告诉我们：个性化的学习方法，正是天才脱颖而出的关键。我们不妨以苏轼这个天才斜杠青年为榜样，以好学乐学之心，在无数遍的读书学习中，探索出自己行之有效的读书方法。正如他在诗句中告诉我们的——旧书不厌百回读，熟读深思子自知。相信在知识信息的洪流中，我们都能够有所斩获。

六

朱熹：以理学烛照人心

朱熹的故事

儒家学说作为中国古代的主流思想体系，自春秋战国时期孔子创立以来，在两千多年的历史演进中经历了多次深刻的转型与创新。其中，宋代是非常重要的阶段。而这离不开一个人的巨大贡献，他就是南宋思想家朱熹。

1. 求学刨根问底，劝谏不留情面

朱熹的青少年时代，是一出不幸与幸运交织的悲喜剧。

说不幸，是因为在他出生的三年前，即公元 1127 年，发生了"靖康之变"，北宋被金朝所灭，康王赵构虽然建立了南宋小朝廷，但根基未稳，常遭金兵进犯。金兵一来，人们纷纷避难，还在母亲肚子里的朱熹也跟随父母四处辗转。到达福建尤溪县时，母亲诞下了朱熹。可以说，他降生于战火之中。

小贴士

公元 1127 年，金朝发兵南下，攻取北宋首都汴梁，掳走宋徽宗、宋钦宗，致使北宋灭亡，史称"靖康之变"。

可朱熹又是幸运的。他的父亲朱松本在朝中为官，局势稳定后，退隐福建建瓯，在城南的建溪旁边修筑了一座精舍，边读书边育儿。朱松曾考取进士，精通儒学，在他的教导下，朱熹阅读了《论语》《春秋》《礼记》《孟子》等儒家经典，小小年纪便展现出超乎年龄的睿智。

一次，朱松看到儿子在沙地上写写画画，好奇地上前，见他画的竟是周易八卦图，十分惊讶。还有一次，朱熹指着天空问：天外有什么呢？朱松说，天无远弗届，就是没有边界的。朱熹并不满意这个答案，接着追问，把朱松都问倒了。这显示出朱熹从小就是一个热爱学习和思考，喜欢刨根问底的人。

朱熹问天

1143 年，朱松病逝。临终前，他将家人托付给好友、抗金名将刘子羽。刘子羽住在建州崇安（今福建省武夷山市一带），朱熹母子便离开尤溪，前往崇安。

刘子羽对朱熹非常关照，还嘱咐自己的三个儿子：朱熹就是你们的兄弟，他读书好、学问好，你们要多向他学习。他延聘名师，为朱熹和刘氏子弟讲课，还特地在自家庄园里建了一座楼，供朱熹读书。正是在这座楼里，朱熹钻研了"二程"①的学问，为将来的理学研究打下基础。

18 岁时，朱熹到京城临安（今浙江省杭州市）参加科举，得中进士。两年后通过吏部的选拔考试，获任泉州同安县主簿（相当于现在的县委办公室主任）。20 岁就迈上仕途，前途无量。然而此后数十年，朱熹一直在地方上兜兜转转，无缘进入中枢。倒不是能力不足，而是他容易得罪人的耿直性格阻碍了升迁。

举个例子。隆兴二年（1164 年），宋孝宗召见朱熹，本想考察他的才学，谁知朱熹却直言不讳，大谈了一通治国平天下的大道理，还指出皇帝不够勤政。宋孝宗悻悻然把他打发走了。20 多年后孝宗再次召见朱熹，早已过了天命之年的朱熹仍然火气旺盛，直截了当地批评皇帝荒废政事、碌碌无为。

这样一个劝谏不留情面的"刺头"，自然难以在朝中立足。朱熹做了大半辈子地方官，且经常担任闲职，与他耿直的性格密切相关。

---

① 二程，即程颢和程颐，北宋思想家，宋明理学的奠基人。

2. 精研义理之学，成为一代大儒

官场失意，让朱熹能够摆脱烦琐的政务，将更多时间和精力用来钻研学问，从而推动儒家学说的发展。这主要体现在他对"理学"的贡献上。

理学又称道学、义理之学，核心内容是"理一分殊"——万事万物背后都有一个"理"在起作用（理一），这个"理"在不同事物中会呈现不同面貌（分殊），但无论怎么变，根本的道理还是那一个。

为便于理解，朱熹用"月映万川"打比方——世上的河流都有月亮的倒影，它们之间或许有差异，但本源都是悬挂在夜空中的月亮。

那么，这个指导万事万物的"理"究竟是什么呢？在朱熹看来，就是儒家强调的三纲五常，即社会运行的基本规范。进而言之，"理"又蕴藏在人类的天性之中，因此，探寻天理、遵循纲常是合乎人性的。探寻天理的方法则是"格物致知"，要注意身边的人与事，并从中认识道理。其中最重要的是读书，经史子集都要读，这样才能博采众长，有所领悟。

以上简单概括了朱熹的学说。具体的思考过程，当然远比本文讲述的要曲折，可学习的乐趣也在于此。"半亩方塘一鉴开，天光云影共徘徊。问渠那得清如许，为有源头活水来。"这首《观书有感》，就记录了朱熹在经过艰难思索后，终于想明白某个问题后的欣慰之情。

除了读书和思考，朱熹也非常重视与师友交流。他曾说："讲学以会友，则道益明；取善以辅仁，则德日进。"意思是和朋友切磋，对道理就能有更深入的理解；学习朋友的长处，自己的德行也会有长

进。因此，朱熹和当时的许多名士，如吕祖谦、赵汝愚、陆游、辛弃疾、陈亮等都有交往。他和陆九龄、陆九渊兄弟在学术思想方面的论辩，还成就了一段佳话。

陆九龄、陆九渊兄弟认为万物的基础不是"理"而是"心"，由此构筑了与理学分庭抗礼的心学体系。双方的共同好友吕祖谦为调和矛盾，主动出面斡旋，在江西鹅湖寺组织了一场讨论会，史称"鹅湖之会"。会上，陆氏兄弟和朱熹各抒己见、相互驳难，谁也说服不了谁。但鹅湖之会的意义不在于分出胜负，而是表明不同的主张只有在碰撞中才能激荡出新的火花，促使思考的深化。

鹅湖之会

事实上，鹅湖之会后双方并没有因为论辩时的思想交锋而对立，反而促进了双方更深层次的相互尊重。朱熹还邀请陆九渊造访自己创办的白鹿洞书院，并为学生讲课，展现出了广阔的胸襟。

展开说一下，书院是朱熹阐发理学的根据地。他致力于书院的建造或复兴，比较著名的有位于今江西省九江市的白鹿洞书院、湖南省长沙市的岳麓书院、福建省南平市的武夷精舍等。朱熹在书院里著书立说、收徒讲学，不仅使理学思想得以系统化与普及化，也为他赢得了极高的学术声望与社会影响力。到了晚年，他已不仅是学术界泰斗，更是一代士林的精神领袖，被尊为"朱子"。

3. 入朝为君讲学，晚年饱受攻击

绍熙五年（1194年），正在潭州（今湖南省长沙市一带）做官的朱熹接到诏书，才知道自己被任命为焕章阁待制兼侍讲，负责为皇帝讲解儒家经典。

此时朱熹已65岁高龄，且一直在地方上做事，朝廷怎么忽然想起他了？起因是这年七月宋宁宗继位，新皇上任颇想有一番作为，就要臣子举荐人才。大家一致认为，朱熹是理学名家，学问大、品行好，应该请他为皇帝讲学。宁宗从善如流，答应了。

能够当"帝王师"，劝导君王效法圣贤、施行仁政，是古代读书人最大的梦想。朱熹即刻收拾行装，怀着喜悦的心情赴京上任。

第一次讲课时，朱熹侃侃而谈，宁宗不住地微笑点头。朱熹见机提议：臣希望除了节假日，每天早晚都开讲，好吗？宁宗同意了。新皇看起来虚心向学，朱熹十分欣慰。可他高兴得太早了。实际上，宁宗内心觉得这位老夫子固然学问高深，却倚老卖老，总把自己当孩子，带着教训人的口吻，实在讨厌。加上朱熹喜欢点评朝政，有时候话说

得很难听，也惹得宁宗不快。没多久，宋宁宗就取消了朱熹的讲学资格。朱熹也很识趣，干脆辞官回老家了。

但树欲静而风不止。朱熹的失宠，让权相韩侂胄看到了机会。原来，韩侂胄在朝中的政敌多为理学信徒，现在皇帝对朱熹心生反感，韩侂胄便投其所好，诋毁朱熹，给他扣上"十大罪状"，抹黑成品行败坏的伪君子。理学则被斥为"伪学"，信奉理学的大臣自然是奸臣，纷纷被逐出朝堂。

此时的朱熹已是风烛残年，疾病缠身，无力抵御。1200 年，朱熹病逝，终年 71 岁。

历史是公正的。朱熹去世时，尽管身处政治打压的阴影之下，但仍有上千人自发前来送葬，其中就有陆游、辛弃疾等文化名家。人们深知朱熹是政治斗争的牺牲品。七年后，随着权相韩侂胄的倒台被杀，朝廷终于为朱熹平反并恢复了名誉，理学思想也得以复兴，逐渐成为官方认可的主流思想。

朱熹

朱熹的读书方法

作为一代理学大师和知名的教育家，朱熹的读书治学方法极为系统且具有很强的指导性和可操作性，因此对后世影响深远。让我们一起来看看这位 800 年前的顶级学霸是怎样读书学习的吧！

1. 循序渐进——一桶清水明道理

朱熹是南宋时期集大成的理学家，一生研读典籍，笔耕不辍。他给学生的读书建议是"读书之法，当循序而有常，致一而不懈"。他要求学生们读书按照由易到难、由浅入深的逻辑顺序进行。

传说朱熹在白鹿洞书院教授学生的时候，有的学生对他要求循序渐进读书的方法表示不理解，为什么非要让我们读这些简单的书呢？难道不应该多下功夫读那些难度大的书吗？为了让学生理解这个道理，朱熹让学生提来一桶水，先是猛地往另一个空桶里倾倒，结果水花四溅。然后他又用水瓢慢慢地往空桶里注水，一直到灌满，水都没有泼洒出来。这个场景或许有后人杜撰的成分，但却是对朱熹读书理念的生动诠释，很好地说明了循序渐进读书的重要性。读书如果像猛倒水那样急于求成，知识就很难内化；只有循序渐进，像水瓢注水那样缓缓而行，方能扎实积累。

小贴士

白鹿洞书院位于江西省九江市五老峰南麓。"始于唐，盛于宋，沿于明清"，北宋皇祐六年（1054年）春，毁于兵火。南宋淳熙六年（1179年），朱熹向礼部呈报《申修白鹿洞书院状》，申请修复书院。淳熙七年（1180年）三月，白鹿洞书院初步修复。

读书就像倒水

2. 三到读书法

　　朱熹有一个非常著名的读书方法叫"三到读书法"。朱熹在《训学斋规·读书写文字第四》中明确写道："余尝谓读书有三到，谓心到、眼到、口到。心不在此，则眼不看仔细，心眼既不专一，却只漫浪诵读，决不能记，记亦不能久也。三到之中，心到最急，心既到矣，眼口岂不到乎？"这段文字后来被南宋学者黎靖德编进了《朱子语类》卷十《读书法》，这一读书方法也得到了进一步的传播和强化。

小贴士

　　《训学斋规》是朱熹为规范弟子日常行为与学习方式所写的教育守则，内容涵盖衣着、言语、读书、写字等方面。

三到读书法，最核心的是"心到"，就是说读书需要全神贯注。心到，代表的是一种敬畏和专注的态度。在《朱子语类》里，朱熹说："读书，须是要身心都入在这一段里面，更不问外面有何事，方见得一段道理出。"这其实强调的是阅读的专注力。从我们现代的认知学的角度来看，朱熹对"心到"的强调非常符合认知资源分配理论。人的注意力是有限的，心神专注可以有效提升阅读时信息加工处理的效率。

"心到"之外，还强调"眼到"，强调读书的时候要"字字对勘"，要精读，重视文本。"口到"则强调在对经典的学习中要坚持逐字逐句诵读，通过反复出声朗读去强化记忆。

朱熹的三到读书法对后世影响极大，我们在读书的时候，不妨也实践一下这种方法。比如在阅读古文名篇的时候，首先大声诵读，做到"口到"，感受文章的节奏韵律；在大声诵读之后逐字细读，把重点字词标注出来，做到"眼到"；最后最重要的是，细细思考文章的主旨，做到"心到"。通过这样一个完整的流程，完成"眼口所入"到"心神所悟"的转化。

3. 读书须有疑

同我们之前介绍的几位古代名人一样，朱熹在读书学习的时候也特别有问题意识，主张要带着问题去读书。

《朱子语类》卷十一记载："读书无疑者，须教有疑；有疑者，却要无疑，到这里方是长进。"在朱熹看来，读书一定要发现问题，然后通过学习解决问题，才算真正学有所得。据记载，朱熹在读《大学》的时候，开篇有"在亲民"三个字，他通过对比古本发现是"在新民"，由此还展开了一个"亲民"和"新民"的大讨论。

为了能够更好地发现问题、解决问题，朱熹还特别注重讨论。在白鹿洞书院讲学的时候，他制定了一个"会讲制度"，要求师生定期聚集在一起，围绕所读的经典展开辩论。据《朱子语类》记载，朱熹曾经跟学生一起讨论《中庸》的"未发已发"问题，反复提问探讨，直到最终辨明。

当然朱熹所说的读书须有疑，鼓励我们读书要勇于提出问题，并不是让我们无效抬杠，为了质疑而质疑，而是让我们在熟读精思的过程中有自己的思考，去发现问题，解决问题。平时阅读中，可以准备一个问题本，在认真阅读与思考的过程中，写下你的问题，这将是你成为"学习主宰者"的第一步！

七

张溥：指点江山，引领士人

张溥的故事

有多个版本的中学语文课本里收入过一篇《五人墓碑记》，文章以生动的笔触记述了明朝天启年间，苏州市民与恶势力斗争的事迹。对在这场抗争中牺牲的五位义士——颜佩韦、杨念如、马杰、沈扬、周文元，文章给予了崇高的礼赞，肯定了他们"激于义而死"的英勇行为和英雄气概。时至今日，这块五人墓碑依然伫立于苏州市山塘街，供人凭吊瞻仰，而碑文的作者张溥，也随之名垂青史。

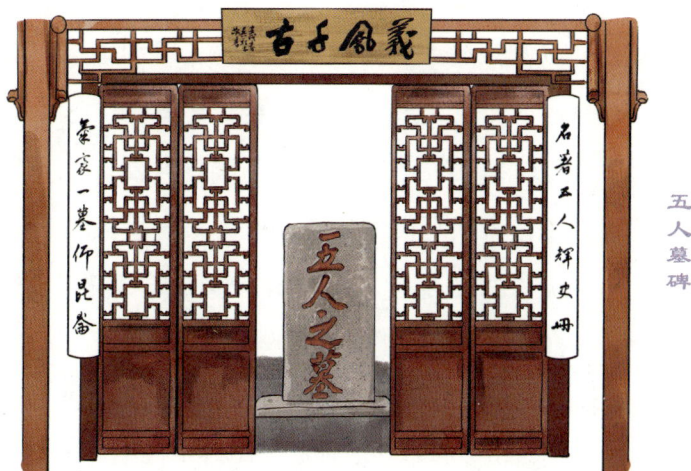

五人墓碑

1. 发奋读书，反对阉党

张溥生于 1602 年，卒于 1641 年，仅仅活了 41 岁。然而在明末，他可是一位叱咤风云的人物，《明史》还专门为他立了传。

那张溥到底是何许人也呢？他出生在江苏省太仓市的一个地主家庭，家有良田千亩，条件是不错的。但张溥的母亲是一个婢女，连个名分都没有，导致他在家族中备受歧视，曾被亲戚当面讥笑为"塌蒲屦儿"，意思是像他这样穿草鞋的低贱之人，不会有出息。不甘受此侮辱，张溥发愤图强，立志改变命运。

明清时期，普通人要改变命运，唯一的出路就是参加科举考试。因此张溥刻苦读书，希望有朝一日金榜题名，让那些瞧不起自己的人刮目相看。

不过，张溥并非"两耳不闻窗外事"的书呆子，坎坷的成长经历与长期遭遇压迫的处境，塑造了他刚正不阿、疾恶如仇的性格。而晚明动荡的政治局势与日益败坏的社会风气，又加剧了这种性格特质。

时值天启帝在位，这个奇葩皇帝整天躲在后宫，带着一帮小太监干木匠活儿，朝政则交给大太监魏忠贤。魏忠贤纠集了一批官员，结成"阉党"，排斥异己，为非作歹，搞得民怨沸腾。这引起了一部分士大夫的反感，他们结为"东林党"，与阉党激烈抗争。张溥是富有正义感的读书人，素来厌恶阉党的所作所为，自然认同东林党。

为响应东林党，23 岁那年，在苏州求学的张溥发起应社，以"应试科举"为名，召集志同道合者定期聚会，抨击阉党。凭借高超的演讲能力和强大的情绪感染力，张溥声名鹊起，一跃成为苏州的士人领袖，应社的影响力也逐渐辐射整个江南地区，聚拢了许多读书人。

小贴士

东林党得名于明朝中期顾宪成在无锡创建的东林书院，书院聚集了一批士人，针对明朝中期以来宦官乱政的现象进行抨击。天启年间，反对阉党的士人群体就被统称为"东林党"。

如果说应社的功能还只是发发议论，那么接下来，张溥就以实际行动投身到反抗阉党的斗争中去了。

2. 一篇碑文，誉满天下

事情要从一个名叫周顺昌的官员说起。

周顺昌是苏州人，曾在朝中担任文选司员外郎，属于东林党，因看不惯阉党横行霸道，请假回乡休养，实则是以退为进。其间，周顺昌写文章针砭时弊，还痛骂魏忠贤。魏忠贤对此极为痛恨，下令逮捕周顺昌。

周顺昌在苏州做了不少好事，深受百姓爱戴。应社和他的关系也很密切。启程那天，市民自发来送行，应社成员还写诗送别，大家痛哭流涕。押解周顺昌的官差见状厉声质问："你们在为谁悲痛？"这下可捅了马蜂窝。愤怒的人群将官差打倒在地，要求他们放人，官府

77

不得不出动军队，抓了五个带头的人，强行将周顺昌押送进京。事后，官府将五位义士公开处刑杀害。

风暴过去近一年，天启帝驾崩，崇祯帝继位。他一上台就顺应民意，铲除了以魏忠贤为首的阉党，一时间大快人心，举国振奋。消息传到苏州，应社决定为死难的五位义士树碑立传，表彰他们的勇气。撰写碑文的任务，自然落到张溥肩上。《五人墓碑记》由此诞生。

文章一开头，张溥就指出五位英雄是"激于义而死"。然后用细腻的笔触描绘了他们英勇就义的场景："五人之当刑也，意气扬扬，呼中丞之名而詈之，谈笑以死。断头置城上，颜色不少变。"说他们临行时谈笑自若，大声痛骂魏忠贤。他们的头被砍下后被置于城头，神色竟丝毫未变。文末，张溥点出了树立五人墓的意义："以明死生之大，匹夫之有重于社稷也。"认为即便是普通人，也能对国家社稷发挥作用，五位英雄的死，是有价值的。

《五人墓碑记》这篇雄文让张溥名满天下，为士林所重。他趁势扩大应社的影响力，并将其更名为"复社"。为什么叫复社呢？原来，当时的科举考试只能写内容空洞的八股文，张溥对此很不满意。他主张向汉唐时代的"古文"学习，文章要言之有物，能经世致用。复社便取"复兴古文"之意。

张溥的主张得到广泛响应，复社的规模迅速扩大。明末很多文人都加入过复社，如陈子龙、顾炎武、文震孟等。崇祯四年（1631年），张溥考取进士，名望进一步提高。两年后，他召集虎丘之会，复社同仁从各地奔赴苏州虎丘，张溥登台指点江山、纵论时事，台下听众群情激昂，场面蔚为壮观。

虎丘之会

3. 身不由己，英年早逝

中国有一句老话：木秀于林，风必摧之。一个人如果为人处世锋芒毕露，难免遭人嫉妒。张溥就是这样。

当时，魏忠贤虽被铲除，但明王朝已从内部朽烂。一方面吏治崩坏，官场贪腐横行，无法根治；另一方面大臣间钩心斗角、互相倾轧，朝政乌烟瘴气。针对种种乱象，张溥屡屡仗义执言，直指时弊。这就得罪了权臣温体仁。

温体仁是内阁首辅，作为皇帝的左膀右臂，很多政策都是他推行的。张溥批评朝政，不就等于指责温体仁不胜其任吗？温体仁自然怀恨在心，指使手下罗织罪名。张溥本就高调，复社成员又多，找出一些过火的话还不容易？不久，市面上出现了一篇题为《复社十大罪檄》的檄文，污蔑张溥纠结同党、抹黑朝政，欲图谋不轨。明眼人一看即知，这是温体仁手下炮制的。

温体仁在朝中也有政敌，本着"敌人的敌人就是朋友"的原则，他们支持张溥，并利用他批评温体仁，遏制其势力。这固然保护了张溥，使他暂无性命之忧，可同时，也将他卷入了官场斗争，以至于身心俱疲。

崇祯十年（1637年），温体仁被政敌联手扳倒，黯然下台。张溥扬眉吐气，以为没了此人打压，自己将能有一番大作为。可惜天不假年，崇祯十四年（1641年），张溥突发疾病，英年早逝，终年41岁。

张溥一生勤于著述，现存《诗经注疏大全合纂》《汉魏六朝百三名家集》《五种纪事本末》《宋史论》《元史论》《历代史论》等。这是他留给世间最后的财富。

张溥的读书方法

张溥焚书

张溥以治学严谨著称，是明朝末年勤学的典范。他最出名的读书方法被称为"七录法"，也叫"七录七焚"，强调重复记忆和知识内化。凭借这个笨功夫，原本资质平平的张溥终成博学之士。他勤学的精神也激励了很多后世学者。

　　什么是"七录七焚"呢？顾名思义，就是读书的时候，要抄录七次，每抄完一次，就烧掉，然后再抄，循环往复。

　　可能很多人觉得这是一种笨方法，毕竟有些典籍都是字数很多的大部头，要一个字一个字地抄录下来，是要花很多功夫的，而且抄完之后读一遍就烧掉了，何必呢？其实在张溥生活的那个时代，就有人对这个"笨方法"提出过质疑。张溥成立复社后，经常组织成员辩论。一次聚会的时候，有人当着张溥的面对他的"七录法"提出了质疑，认为这个方法耗时耗力。面对这个质疑，张溥解释道："学问无捷径，抄录非为记诵，乃为穷理。"张溥认为，做学问这件事是没有捷径可走的，必须下足功夫，才能有所收获。抄录不是单纯为了记忆，最根本的目的是明白道理。张溥还把自己的书斋命名为"七录斋"，并给自己的文集命名为《七录斋集》，可见他对"七录法"这种读书方法的重视。

　　张溥的这种笨功夫，是不是很令人震撼？这体现了古人刻苦钻研的精神。但在现代教育环境下，我们需要批判地继承，根据实际情况灵活应用。

　　其实张溥的"七录法"，绝不是单纯的机械记忆，我们在介绍苏轼的读书方法时曾经说过抄写是一个调动多感官协作的过程，能够极大程度调动大脑，帮助读书的人理解所读的内容，最终形成较为深刻的记忆，将知识内化。苏轼、张溥等文人学者都不约而同地选择了抄录的方法进行读书学习，可见这是一个非常有效的读书方法。特别是张溥这种多次抄录的方法，看似低效，实则直击学习的本质：与其刷100道题却仍一知半解，不如精研10道典型题，吃透知识和解题思路。

在如今这个快节奏的时代，像张溥这样愿意下"笨功夫"的人，反而拥有了最稀缺的能力——深度思考力。

八

梁启超：学者当死于讲坛

梁启超的故事

　　清末民初的中国，内忧外患交织，风雨飘摇。无数仁人志士为了民族复兴而奔走呼号，苦苦探寻救国救民的真理。梁启超就是其中的杰出代表。他凭借一支生花妙笔，著书立说，传播新知识、新思想，为唤醒民众、启迪民智，做出了卓越贡献。

1. "开眼看世界" 的举人

　　1873 年，梁启超出生于广东新会（今广东省江门市）的一个士绅家庭。他的祖父曾考中秀才，父亲是私塾先生，家中书香氛围浓厚。在长辈的悉心教导下，梁启超自幼研读儒家经典，8 岁便能读会写，12 岁考取秀才，17 岁中举，被誉为"神童"，声名远扬。

青年梁启超

然而，长期沉浸在经书和八股文中的梁启超，满脑子都是"之乎者也"，俨然一个标准的儒生。直到有一天，他读到了《瀛寰志略》，思想发生了翻天覆地的变化。

《瀛寰志略》的作者徐继畬，亲身经历了鸦片战争，深感清政府闭关锁国导致国人与外界隔绝，对世界进步潮流一无所知。痛定思痛，徐继畬编撰了这本书，详细介绍了世界各国的地理沿革、政情民俗以及经济状况，呼吁国人开眼看世界。虽然梁启超读到这本书时，徐继畬早已去世，但书中的内容对这个来自偏远乡村、一心只读圣贤书的年轻士子产生了巨大的冲击。他第一次知道，地球是圆的，世界上有五大洲、四大洋，英国、法国、德国等国家都是当时的强国……

这本书让梁启超意识到，中国在科技、政治、文化、经济等方面已全面落后于西方。他不禁思考：落后的根源是什么？中国又该如何摆脱困境、重振雄风？正当他陷入沉思时，他遇到了人生中最重要的导师——康有为。

康有为是近代中国尝试借鉴西方制度推动社会变革的先驱。他认为，面对列强的虎视眈眈和严重的民族危机，中国唯有学习西方先进的科学技术和制度文化，进行变法，才能救亡图存。为此，康有为在广州创办万木草堂，传授新知识、新思想，为变法培养人才。经友人引荐，梁启超拜谒康有为，被其渊博的学识和开阔的视野深深折服，毅然决定拜师求学。

值得一提的是，梁启超此举可谓"放下身段"。因为康有为只是个秀才，而梁启超已是举人，举人拜秀才为师，在恪守科名等级的晚清堪称骇俗之举。这件事在广州城引起了巨大轰动，也大大提升了康有为的声望。

2. "笔锋常带感情" 的宣传家

在康有为的指引下，梁启超真正"开眼看世界"，开启了思想的新篇章。康有为的教学方式别具一格，他不仅带领学生读书，还鼓励他们参与讨论，并共同编写著作。在康有为的指导下，梁启超逐渐摆脱了只知孔孟之道、只会写八股文的局限，开始深入了解中外历史和政治，日益认识到变法的必要性和紧迫性。此后，梁启超追随康有为投身变法维新运动，通过办报大力宣扬维新派的主张，其卓越的宣传才能得到了充分展现。

在上海主持《时务报》期间，梁启超亲自担任主笔，撰写了大量政论文章。这些文章针砭时弊，对当时中国的种种落后现象进行了犀利而深刻的剖析，并疾呼"变法图强"。由于梁启超文笔流畅、感情充沛，《时务报》迅速风靡全国，在大江南北引起了强烈反响。"平易畅达、条理明晰，笔锋常带感情，对于读者别有一种魔力"，这真是对梁启超文风的经典概括。

1898 年，梁启超赴京参与戊戌变法，维新派的许多变法主张和章程都出自他之手。然而，变法在守旧派的反扑下迅速失败。康有为、梁启超等人被迫流亡日本，以躲避守旧派的迫害。

当时的日本正值明治维新的高潮，西方著作如潮水般涌入。身处其中的梁启超如饥似渴地阅读，进一步加深了对近代西方文化的理解，对如何救亡图存的认识也更加系统化。在此基础上，他提出了许多革命性的主张，统称为"三界革命"。

诗界革命：梁启超认为，古典诗歌发展到清末已陷入自我重复、套话连篇的僵局，必须从内容到形式进行全面革新，使用大众化的语言，创造全新的境界。这一主张从根本上动摇了旧体诗的统治地位，为白话诗的兴起铺平了道路。

小说界革命：梁启超指出，戊戌变法失败的根本原因在于"民智未开"，而小说则是开启民智的有力工具。明清以来，百姓对《三国演义》《水浒传》等小说如痴如醉，如果将启蒙思想融入小说，用生动的情节展现，必能吸引大众。受梁启超影响，清末涌现出一批揭露清政府腐败、向往进步的新小说，如吴趼人的《二十年目睹之怪现状》和李伯元的《官场现形记》。

史界革命：梁启超发现，古代史书只关注帝王将相的事迹，与普通民众的生活毫无关联。他感叹道："二十四史非史也，二十四姓之家谱而已！"他倡议重写中国历史，将以帝王为中心的旧史学转变为以民众为中心的新史学，以此激发人们的爱国热情。这一主张推动了中国传统史学向现代史学的转型。

梁启超用他犀利的文笔，把"三界革命"的思想传播开来，得到了知识界的普遍认同。五四运动的主将，如陈独秀、胡适、鲁迅等，年轻时都曾是梁启超的忠实读者，深受其影响。可以说，"三界革命"对五四运动起到了重要的启迪作用，这也是梁启超对近代中国思想文化转型做出的卓越贡献。

3. "死于讲坛" 的大学者

1912 年，中华民国建立，梁启超结束了长达十余年的流亡生涯，满怀希望回到祖国。他本以为，随着清政府的灭亡和民主共和制度的建立，国家终于能够走向繁荣富强了。然而，现实却让他大失所望。民国初年的中国依然内忧外患，政局动荡，政客们只顾争权夺利，上演了一幕幕闹剧。梁启超忧心如焚，毅然投身政坛，试图将国家拉回正轨。然而，面对如此纷乱复杂的局势，仅凭两三个人的努力，终究难以力挽狂澜。梁启超的政治理想最终化为泡影。

从 1918 年起，梁启超决定退出政坛，将全部精力转向著述和教学，希望通过思想和教育的力量启迪民智、培养人才。

在著述方面，梁启超笔耕不辍，撰写了《清代学术概论》《中国历史研究法》《先秦政治思想史》等重要著作。这些著作不仅在当时产生了深远影响，其中的真知灼见至今仍闪耀着智慧的光芒，为后世学者提供了宝贵的学术资源。

在教学方面，梁启超先后在北京大学、清华大学、南开大学等高校讲学，并于 1925 年受聘为清华大学国学研究院导师，与王国维、陈寅恪、赵元任并称"四大导师"。论贡献，梁启超堪称四位导师中最为突出的一位。他全身心投入教学，开设了中国文学史、中国哲学史、宋元明学术史、清代学术史、中国史、史学研究法等课程，为学生提供了广泛的研究课题。他不仅亲自与学生讨论学术问题，还悉心指导他们的论文写作，培养了一大批优秀人才。

此外，梁启超还以其独特的演讲魅力感染了无数听众。作家梁实秋曾回忆，20世纪20年代他在清华大学求学时，一个风和日丽的下午，他曾聆听了梁启超的一场演讲。只见一位"步履稳健，风神潇洒，目光炯炯，光芒四射"的人走上讲台，开口便说："启超没有什么学问——"随后眼睛向上一翻，轻轻点头："可是也有一点喽！"如此风趣而自信的开场白，瞬间吸引了全场听众的注意力，令人印象深刻。进入正题，梁启超的风采更是令众人倾倒：

先生博闻强记，在笔写的讲稿之外，随时引证许多作品，大部分他都能背诵得出。有时候，他背诵到酣畅处，忽然记不起下文，他便用手指敲打他的秃头，敲几下之后，记忆力便又畅通，成本大套地背诵下去了。他敲头的时候，我们屏息以待，他记起来的时候，我们也跟着他欢喜。

从1925年创立到1929年停办，清华大学国学院培养了近70名学生，很多人日后成为学者。学生们终生难忘梁启超的教导，而梁启超倾囊相授的为师之道，完全值得这样的铭记。

晚年的梁启超健康状况恶化，却坚持著书和教学。医生劝他注意休息，他慨然答道："战士死于沙场，学者死于讲坛！"1929年梁启超病逝于北京，人们发现，临终前他仍在奋笔疾书，想为后世留下尽可能多的精神遗产。

梁启超的读书方法

作为时代转型时期的思想家和学者，梁启超的读书理念和方法既继承了古代学者的传统学理，又融入了现代科学精神，形成了独具特色的读书之道。接下来，让我们一同探寻这位大学者的读书智慧。

1.趣味主义导向

梁启超一生都秉持着"不为什么而读"的纯粹心态，读书只是因为喜欢，因为有趣，而非出于功利目的。据说，他12岁考中秀才后，在广州

梁启超在邮轮上阅读《仁学》手稿

学海堂求学期间，每天都会购买一册《皇清经解》，边读边用红笔圈点批注，甚至曾因沉迷读书而忘记参加考试。戊戌变法失败后，他逃亡日本，在邮轮上他仍坚持阅读谭嗣同的《仁学》手稿。当《仁学》在《清议报》上连载时，梁启超还特意加注，写道："每读一过，辄觉热血沸腾。"这种在危难中依然保持读书热情的精神，将阅读的趣味主义导向发挥到了极致。

因此，我们向梁启超学习，首先要学习他深挖阅读趣味，将趣味作为读书根本动力的精神。只有如此，才能常读常新，形成阅读的良性循环，让读书成为一种持久的热爱与享受。

2.三步读书法

梁启超的读书方法非常系统，可以概括为"三步读书法"，即"鸟瞰法、解剖法、会通法"。这一方法不仅体现了他深厚的学术功底，也展现了他对读书的深刻理解。

在不同的场合和文章中，梁启超都强调过读书的步骤："先泛览全体，再深入细部""逐字逐句咀嚼，不可轻易放过""将所得融会贯通，方算真懂"。他的学生周传儒回忆，梁启超在清华大学国学院授课时，要求学生首周速读全书画大纲，次周精读章节做札记，末周合书自述体系。具体来说，就是要求学生在读书时，首先通过泛览对全书有一个整体性认知；在此基础上，深入研究重要内容，像医生解剖一样，务必弄清真相；最后，秉持"破除门户，会通中西"的学术理念，将书本知识内化，形成属于自己的系统化知识体系。

对于这一阅读过程，梁启超的弟子曾有过一个生动的比喻："先生教人读书，谓须历三境：初如巨鲲浮海，见其浩瀚；次如庖丁解牛，批郤导窾；终如老僧入定，万象归一。"意思是说，读书要经历三个阶段：起初像巨鲲入海，感受书的浩瀚，形成整体性认识；然后像庖丁解牛，细致剖析，弄清每一个关键点；最后像老僧入定，将所学融会贯通，形成一个有机的整体。

3.师友共读有奇效

所谓"独学而无友，则孤陋而寡闻"，在阅读和学习的道路上，梁启超非常注重"读书共同体"的构建，积极倡导"读书会"这种集体阅读与讨论的形式，强调共读共研，注重知识的交流与分享。

在天津居住期间，梁启超坚持定期在自己的"饮冰室"举办读书会，吸引了众多著名学者参与，如张荫麟、蒋百里、徐志摩、梁漱溟、严复、李济、蔡锷等。静谧的夜晚，饮冰室群贤毕至，张君荫麟论史，百里谈兵，志摩说诗，各骋所长。我们不难想象这些学者在饮冰室内自由辩论、思想碰撞的精彩场景。

据记载，梁启超曾与众学者共同研读讨论《庄子》，其间引入了法国哲学家亨利·柏格森的哲学思想和爱因斯坦的相对论等西方理论来解读《庄子》。这些讨论启发了学者从不同的角度去解读经典文本，激发出了他们全新的创造力，着实令人惊叹。饮冰室内的讨论不仅展现了传统学者扎实的考据功底，还融入了跨学科的视角，在传统考据学与西学新知之间形成了激烈的碰撞。这种热烈、真诚的交流，正是思想生长的沃土。

真正的读书人，当以宇宙为书房，以古今为书页，以众生为注脚。让我们以这样的胸怀，与小伙伴们一起用阅读完成跨越百年的精神接力，在思想的碰撞中不断成长！

九

毛泽东：活到老，学到老

毛泽东的故事

作为伟大的无产阶级革命家，毛泽东的一生与读书学习结下了不解之缘。他毕生勤学不辍、手不释卷，在读书学习方面堪称典范。他曾说："我一生最大的爱好是读书。"

1.为了读书差点跳河

1893 年，毛泽东出生于湖南省湘潭市韶山冲的一个农民家庭。他的父亲毛顺生精明能干，善于经营，积攒了一些财富，算得上是当地小有资产的人。然而，和当时大多数农民一样，毛顺生读书不多，文化水平有限。有一次，他与人合伙做生意，因不熟悉合同条款，被对方在合同中做了手脚，结果吃了大亏。这件事让毛顺生深感懊恼，于是决定将年幼的毛泽东送去私塾，学习文化知识。

在私塾里，毛泽东从《三字经》《幼学琼林》等启蒙读物开始学起，逐渐进阶到"四书""五经"《左传》等儒家经典。十几岁时，他已经能够将这些经典倒背如流了。然而，毛泽东内心更偏爱《水浒传》《三国演义》《西游记》《说岳全传》等"闲书"。他常常在课堂上偷偷阅读这些书，对书中的情节了如指掌，并能绘声绘色地讲给小伙伴们听。

六年的私塾生活结束后，毛泽东辍学了。这是他父亲的决定。毛顺生认为，儿子只要能读会算就已足够，没必要继续深造，毕竟家里还有繁重的农活需要人去做。然而，毛泽东对知识的渴望早已无法抑制。他总是随身带着书，干一会儿农活就溜到树下读书，有时甚至因沉迷阅读而耽误了干活。

毛顺生对此非常不满。一次，他当众斥责毛泽东"懒而无用"，这激怒了毛泽东。毛泽东跑到池塘边，威胁父亲说要跳下去。后来，在母亲的调解下，父子俩达成协议：毛泽东每天先完成父亲安排的农活，剩下的时间可以自由支配。

尽管毛泽东读遍了所有能找到的书，但偏僻的韶山冲对他来说仍然太过闭塞。在他的一再要求下，18岁时，父亲终于同意他去几十公里外的长沙市求学。

长沙是湖南省城，风气比韶山冲开放得多。正是在这里，毛泽东意识到中国积贫积弱，正面临被列强瓜分的危机。他认识到，要救亡图存，就必须学习西方先进的思想文化和科学技术。于是，他开始如饥似渴地阅读18世纪、19世纪的著作，如卢梭的《社会契约论》、亚当·斯密的《国富论》、孟德斯鸠的《论法的精神》、赫胥黎的《天演论》等，苦苦探寻救国救民的真理。

1920 年，毛泽东读到了陈望道翻译的《共产党宣言》，深受震撼。他后来回忆，通过研读《共产党宣言》等著作，他认识到只有马克思主义才能够救中国，并由此树立起对马克思主义的坚定信仰，终生未曾动摇。《共产党宣言》这部著作，也伴随了毛泽东一生。

小贴士

陈望道，是我国著名思想家和教育家，他也是复旦大学的第一任校长。他翻译了《共产党宣言》的首个中文全译本，这本著作为创建中国共产党提供了理论指导，教育和引导了一大批先进知识分子和有志青年走上革命道路。

2. 抓住一切时机读书

无论是在井冈山的崇山峻岭间，还是在长征途中的雪山草地上，即便身处枪林弹雨、险象环生的境地，即便条件简陋到以膝盖为桌、以油灯为伴，毛泽东同志始终保持着对知识的渴求。

在创建湘赣革命根据地的艰难岁月里，面对国民党反动派的重重封锁，根据地物资极度匮乏，连获取书籍都成为一大难题。毛泽东同志深知理论武装的重要性，他亲自致信上海的党中央，言辞恳切地写道："我们望得书报如饥似渴，务请勿以小事弃置。"

然而远水难解近渴，毛泽东还是得自己想办法。每攻克一处，他便嘱咐红军战士广泛收集书籍报刊。在行军途中，他的马背上总驮着精心挑选的书籍。在井冈山茅坪八角楼前，那块被岁月打磨得光滑的"读书石"静静矗立，默默诉说着当年毛泽东同志在此挑灯夜读的动人场景。正如毛泽东所说："饭可以一日不吃，觉可以一日不睡，书不可以一日不读。"这种对知识的执着追求，不仅塑造了一位伟大革命家的精神品格，更为中国共产党人树立了终身学习的典范。

在漫漫长征路上，毛泽东同志即便身患重病、躺在担架上，依然手不释卷，坚持研读马列著作。担架成了他的"流动书房"。他尤其钟爱革命导师列宁的《社会民主党在民主革命中的两种策略》《共产主义运动中的"左派"幼稚病》《国家与革命》这几部著作，反复阅读，不停在书上做笔记，有时甚至连饭都忘了吃。实在饿得不行，就让人炒一点麦粒，一边看书一边用手抓来吃。

中央红军胜利抵达陕北后，在延安建立了革命根据地，相对安定的环境为理论学习创造了有利条件。毛泽东同志以更大的热情投入到读书学习中，仅1938年2月至3月间，他就深入研读了克劳塞维茨的《战争论》、潘梓年的《逻辑与逻辑学》等重要著作，并做了大量批注和笔记。著名学者梁漱溟访问延安时，毛泽东同志不仅认真研读了他的《乡村建设理论》，还写下翔实的批注，并与梁漱溟就中国农村问题展开了整夜的深入探讨。

中华人民共和国成立后，作为开国领袖的毛泽东肩负着治国理政的重任，日理万机之余仍保持着对知识的渴求。他的卧室里摆放着两个大书柜，陈列着他经常研读的书籍；而他的图书室更是收藏了近十万册典籍，从中华传统文化经典到马克思主义理论著作，应有尽有。即便外出视察，毛泽东同志也必定嘱咐工作人员随身携带书籍。1959 年 10 月 23 日的那次出行，他特意指定携带了 60 余本书籍，其中马列著作就达 20 多本。

毛泽东晚年时将读书学习视为生命中不可或缺的组成部分，以"活到老，学到老"的精神践行着终身学习的理念。在繁忙的国务活动之余，他将几乎所有可支配时间都投入到读书学习中，书房成了

毛泽东的卧室

他最重要的"工作场所"。即便在视力衰退的情况下，他仍坚持借助放大镜研读典籍，在书籍的边角处写下密密麻麻的批注。

3. 鼓励党员干部勤读书

毛泽东同志始终将读书学习视为党员干部提高政治素养、增强工作能力的重要途径。他不仅以身作则，更以高度的政治责任感推动全党形成浓厚的学习氛围。

1932年，红军攻下福建漳州，收获了一批珍贵的书籍，其中有列宁的《共产主义运动中的"左派"幼稚病》。毛泽东如获至宝，不仅自己仔细研读，还将这本书推荐给了彭德怀等同志。

在中华人民共和国成立这一历史性转折时刻，面对工作重心从农村向城市转移的重大战略部署，毛泽东同志高瞻远瞩地认识到提升全党理论水平的紧迫性。他亲自审定12本马列主义经典著作，郑重题写了"干部必读"四个字，要求全党干部在三年内系统学习1~2遍。这一举措体现了党中央对理论武装工作的高度重视，也彰显了毛泽东作为政治家的远见卓识。

在毛泽东的号召下，全党迅速掀起学习马列主义理论的热潮。1949年6月至1950年6月间，"干部必读"丛书印行总量达300万册。这场声势浩大的学习运动，不仅使广大干部系统掌握了马克思主义基本原理，更培养了一大批既懂政治又懂经济的复合型人才，为顺利实现工作重心转移、开展城市管理和经济建设提供了坚实的思想保证和人才支撑。

"干部必读"丛书

在社会主义建设的关键时期，毛泽东始终将干部读书学习摆在重要位置。1959 年庐山会议上，他将读书列为 18 个重要议题之首，强调党员干部必须深入研究社会主义经济规律，建议用一个月时间集中学习。

毛泽东倡导的读书学习不限于政治理论层面，也涵盖了文学、历史、哲学等多个领域。在 1958 年成都会议上，他创造性地将古代诗词与地方工作相结合，亲自选编《诗词若干首》，通过 74 首咏四川诗词帮助干部深入了解四川当地的历史文化。

此外，毛泽东同志对《红楼梦》的独特见解和高度重视，充分体现了他将传统文化与革命实践相结合的深邃智慧。他将这部文学巨著视为反映封建社会的"百科全书"，同时将其作为剖析社会矛盾、总结历史经验的重要教材。毛泽东要求党员干部至少研读五遍《红楼梦》，这既彰显了他对古典文学价值的深刻认识，也反映了他培养干部历史思维和辩证思维的良苦用心，使干部能够透过文学表象把握历史规律，在社会主义建设中避免重蹈历史覆辙。

毛泽东的读书方法

毛泽东是一位著名的"书痴"，一生博览群书，涉猎广泛。他的图书管理员逄先知回忆，毛泽东是一个读书不知疲倦的人。他常常废寝忘食，不分昼夜地阅读。2010 年，国家图书馆举办的"立法决策服务成就展"中展出了国家图书馆的一号借书证，它的主人正是毛泽东。展览还公开展出了毛泽东的借书证登记卡和借阅记录，令人惊叹的是，他的阅读范围极为广泛，涵盖了哲学、历史、政治、军事、文学、自然科学等多个领域。

毛泽东的读书方法具有鲜明的个人特色和实践导向。他不仅注重书本知识的积累，更强调将理论与实践相结合。他常常在阅读中做批注，写下自己的思考和见解，甚至将书中的观点与实际工作中的问题联系起来，形成独特的读书与实践相结合的风格。这种读书方式不仅丰富了他的思想，也为他的革命实践提供了理论支持。

1. 不动笔墨不读书

1920 年的某个深夜，27 岁的毛泽东在长沙文化书社的阁楼上，点着一盏煤油灯，全神贯注地阅读《共产党宣言》，边读边写下批注。这些批注体现了他对中国社会现实的深刻洞察。据统计，毛泽东一生中阅读《共产党宣言》超过百遍，并在书中留下了大量珍贵的批注，这些批注成为他思想形成和实践探索的重要见证。

"不动笔墨不读书"是毛泽东读书的鲜明特色。他习惯于在阅读时将思考记录在书页的空白处，形成与书本的深度对话。《二十四史》《共产党宣言》《资治通鉴》《伦理学原理》《辩证法唯物论教程》《红楼梦》等书籍，都被他反复阅读并留下了密密麻麻的批注。据统计，仅对《二十四史》的批注就多达198条，共计3500多字，内容涵盖政治、军事、经济等多个方面。可以说，批注法是毛泽东读书实践的核心方法，也是他思想形成的重要工具。他通过批注将阅读与思考紧密结合，将书本知识转化为实践智慧。

从毛泽东留下的书籍批注中，可以看出他的批注方法非常系统且科学。他使用了一套多符号的标记方法：圈用来标记核心概念，点用来标注重要数据或史实，双线用来画出关键论证段落，三角则表示有待深入研究或存有疑问的内容。例如，他从1952年开始通读的武英殿版《二十四史》，书页上布满了这些圈点符号。此外，毛泽东还使用不同颜色的笔进行多层次批注。比如，他在阅读《实践论》时，首次阅读时用铅笔记录直觉感受，重读时改用红笔进行批判性思考，结合实践经验后再用蓝笔补充修正。这种三色批注法不仅体现了他阅读的深度，也直观地呈现了他认知迭代的过程。

细细体察毛泽东的批注，我们可以感受到他在阅读过程中有一种强烈的对话意识：与作者辩论，与自己对话，向历史提问，为未来留证。这种对话式的阅读方式，不仅使他对书本内容有了更深刻的理解，也为他后来的革命实践提供了丰富的思想资源。毛泽东的读书方法，不仅是一种学习方式，更是一种思想探索和实践创新的过程，值得我们深入学习和借鉴。

2."三复四温"读书法

我们在介绍苏轼、朱熹、张溥等古人的读书方法时，都曾从不同角度提到过重复阅读的重要性。毛泽东也继承了我国传统文化中的这种"重读"思想，并在不同场合多次强调这一观点。他曾说："《资治通鉴》我读了十七遍，每读一遍都有新收获。"他还指出："读马克思主义的书，要经常读，重点读，读几遍不行，要读几十遍。"这些话语不仅体现了他对经典著作的重视，也揭示了他通过反复阅读不断深化认知的读书方法。

让我们以毛泽东阅读《资治通鉴》为例，看看他是如何通过重复阅读实现认知进阶的。青年时期，毛泽东初读《资治通鉴》时，关注的是楚汉争霸、三国鼎立等历史事件，初步总结出领导力的关键要素。到了20世纪30年代，革命处于低谷期，毛泽东重读《资治通鉴》，重点研究了赤壁之战、淝水之战等战役，从中提炼出"以弱胜强"的战术思想，为游击战的战略提供了重要启发。20世纪50年代，中华人民共和国成立初期，毛泽东再次阅读《资治通鉴》，这次他重点关注了治国理政的经验，留下了关于汉文帝"休养生息"、唐太宗"贞观之治"的批注，为国家的建设提供了历史借鉴。到了20世纪70年代末期，毛泽东重读《资治通鉴》时，他的批注"其兴也勃焉，其亡也忽焉"，警示党内同志避免骄傲自满，已经上升到对历史规律的深刻思考，体现了他对历史兴衰的哲学性总结。

毛泽东的读书方法被总结为"三复四温"法。毛泽东对喜欢的书不是读一遍，而是反复读，每次侧重不同方面，这种"三复四温"的方法使他对经典的理解远超常人。这种方法不仅体现了认知的螺旋式上升规律，也展现了毛泽东如何通过反复阅读将书本知识与实践紧密结合。

毛泽东的读书方法为我们提供了宝贵的启示：阅读不仅是获取知识的过程，更是认知迭代和实践创新的过程。

李四光：努力向学，蔚为国用

李四光的故事

从山村里的穷孩子，到享誉世界的地质学家，李四光凭借自身的努力和才华，在地质学领域取得了举世瞩目的成就，为我国的地质事业和经济发展做出了不可磨灭的贡献。

1. 小山村里的"好奇宝宝"

1889年，李四光出生在湖北省黄冈市的一个小村庄，本名李仲揆。他的父亲在村里开办私塾，靠收取微薄的学费维持一家人的生计。遇到荒年，村民们无力供孩子上学，私塾收到的学费锐减，李四光一家便不得不忍饥挨饿。为了贴补家用，母亲常常纺线织布，换取一些零钱。

穷人的孩子早当家。小仲揆自幼养成了勤劳节俭的好习惯，放羊、割草、打柴、舂米、推磨、扫地、提水……家务活样样都能干。他也非常喜欢读书，6岁便进入父亲的私塾，朗读、背诵、练字、作文，学得不亦乐乎。

小仲揆还是个"好奇宝宝"。一天，他和小伙伴在村口玩捉迷藏，

童年李四光对大石头产生疑惑

躺到一块大石头后面时，忽然心生好奇：这片平坦的空地上怎么会有一块大石头？它从哪儿来？为什么周围没有这种石头？他问小伙伴，大家都不知道；向大人打听，也得不到答案。通常随着年龄增长，人们的好奇心会逐渐淡去，但小仲揆却把这个问题记了一辈子。几十年后，已成为著名地质学家的他重返家乡，终于揭开了谜团：原来，这块大石头是在几万年前，通过远古的冰川运动从千里之外"搬运"而来的。

小仲揆的强烈好奇心让父亲察觉到这孩子不简单，于是凑了一笔钱，送他出去读书。临行前，母亲特意将自己出嫁时穿的嫁衣改制成一件棉袍，为他御寒。

带着父亲的期望和母亲的关怀，14岁的李仲揆来到距家乡70公里的湖北省城武昌，准备报考武昌第二高等小学堂。在填报名表时，发生了一件趣事：李仲揆误将姓名栏看成年龄栏，写了个"十四"。发现错误后，他随手在"十"字上加了几笔，改成了"李"字。可"李四"这名字实在不好听，正为难时，他抬头看见一块匾额上写着"光被四表[1]"四个大字，灵机一动，便在"李四"后面加了个"光"字。从此，李仲揆有了一个响亮的名字——李四光。

---

[1] 光被四表的意思是光辉遍及四方，形容一个人的品德或行为的影响力非常广泛。

在学堂里，李四光如饥似渴地学习，成绩名列前茅。1904年，他被选派去日本官费留学。当船驶出长江口，进入茫茫大海时，站在甲板上的李四光望着汹涌的波涛，心潮澎湃，立志要有一番作为。这一刻，他的人生翻开了新的篇章，也为中国的地质事业埋下了一颗希望的种子。

2. 从造船术到地质学

抵达日本后，李四光先学习了日语和数理化等基础知识，随后考入大阪高等工业学校，专攻造船技术。为什么选择这个专业呢？原来，父亲曾给他讲过甲午海战的故事，当讲到中国海军因舰船落后，不敌日本海军时，每每声泪俱下。李四光深受感染，立志要掌握先进的造船技术，让祖国强大起来，不再受列强欺负。

李四光刻苦学习，挑灯夜读是家常便饭。为了省钱，他把生米放进暖水瓶，注入开水，浸泡一夜，第二天就着咸菜吃下去。尽管生活艰苦，但他从未放弃对知识的追求。

当时日本有许多中国留学生，他们通过学习新知识、新思想，了解外部世界，逐渐认识到只有推翻腐朽的清政府，实行民主革命，中国才有希望。李四光与他们朝夕相处，也逐渐接受了民主革命的思想。为此，他毅然剪掉了脑后的辫子，表明自己站在革命者一边。

1905年，民主革命的先行者孙中山在东京成立革命组织——中国同盟会。李四光参加了成立大会，并宣誓成为同盟会的第一批会员。孙中山还送给他八个字：努力向学，蔚为国用。鼓励他学好本领，将来为祖国建设贡献力量。

毕业后，李四光回到中国。不久，辛亥革命爆发，清政府倒台，革命党人建立了中华民国政府。李四光被选为湖北实业司司长。他本以为实现民主共和后，国家将走上正轨，自己"科学救国"的理想也将付诸实践。然而，民国初年政局纷乱，政客们只知争权夺利，毫不关心国计民生。李四光倍感失望，于是辞去官职，再度出国留学。这一次，他选择了地质学作为新的方向。

有朋友问他："你不是要造船吗？怎么改成地质学了？"李四光回答说："造船需要钢铁，钢铁从哪来？当然要靠开采铁矿，而要采矿，必须懂得地质学，弄清楚哪里有矿藏。"朋友听后恍然大悟："原来是这个道理啊！"

李四光的这一选择，不仅体现了他对科学的深刻理解，也展现了他对国家发展的远见卓识。他用自己的行动告诉我们：真正的爱国，既要有理想，又要有为之奋斗的决心和智慧。正是这种不断探索、勇于改变的精神，让李四光最终成为享誉世界的地质学家，也为中华人民共和国的地质事业和经济发展做出了不可磨灭的贡献。

3.多才多艺的"破裤子教授"

1913年，李四光前往英国伯明翰大学深造。这一选择是他经过慎重考虑才决定的。伯明翰地处英格兰中部，是一座典型的矿业城市，享有"工业革命摇篮"的美誉。而伯明翰大学在矿物学、地质学领域的教学与科研水平均位居全球前列。

李四光在学校附近租了一间公寓，白天上课，晚上回来继续学习。他还经常跑到图书馆、博物馆和研究机构，搜集与中国有关的地质材料，

李四光刻苦学习

几乎到了夜以继日、废寝忘食的地步。偶尔去公园散步，他也常常停下脚步，陷入深深的思考。

功夫不负有心人。经过勤奋学习，李四光向伯明翰大学地质系提交了一篇长达 387 页的英文论文——《中国之地质》，并顺利通过论文答辩，获得了自然科学硕士学位。他的导师包尔顿教授十分欣赏他，甚至承诺为他介绍一份高薪工作，希望他能留在英国。然而，李四光婉拒了导师的好意，毅然选择回国。他决心遵循孙中山先生"努力向学，蔚为国用"的嘱托，要用学到的知识和技术报效祖国。

1920 年，李四光受聘于北京大学地质系，教授岩石学等学科。他讲课一丝不苟，尤其注重学生基础知识的训练。为了让学生更直观地理解岩石的特性，他采集了各式各样的岩石标本，装在裤袋里，随时拿出来讲解。久而久之，裤袋被石头磨破，露出一个大洞，学生们便开玩笑地喊他"破裤子教授"。对此，李四光欣然接受，毫不在意。

正是在李四光的推动下，中国地质学会得以成立，地质研究所也顺利创建。中华人民共和国成立后，李四光更是奔波于全国各地，进

行地质勘探，为中华人民共和国的地质工作和石油工业做出了卓越贡献。他因此被誉为"中国地质学之父"。

不过，你可能想不到，除了地质学，李四光在音乐方面也颇有建树。在英国留学期间，他的导师包尔顿教授热爱古典音乐，会拉小提琴。在导师的影响下，李四光也逐渐对音乐产生了兴趣，不仅学会了欣赏古典音乐，还自学了小提琴，并创作了一首小提琴曲——《行路难》。据专家考证，这是现存最早的由中国人创作的小提琴曲。今天，当你参观北京的李四光纪念馆时，还能听到这首婉转悠扬的曲子。

李四光在文学、教育等领域也颇有造诣。他不仅是一位杰出的科学家，更是一位多才多艺的学者。他的一生，是对科学、艺术与文化的全面追求，也是对祖国和人民的无私奉献。他的名字，将永远铭刻在中国科学史的篇章中，激励着一代又一代人勇攀高峰，探索未知。

李四光的读书方法

作为一名地质学家，李四光的读书方法具有非常鲜明的学科特征。他所取得的学术成就来源于他不懈地实践探索，也得益于他科学严谨的读书方法。

1. 目标导向

作为一名自然科学领域的学者，李四光在阅读过程中非常强调问题意识，主张以目标为导向进行阅读。他曾经用一个非常形象且充满"地质学风格"的比喻来形容读书：读书就像地质勘探，你得先找到矿脉，再深挖宝藏。他认为，读书不能盲目地进行，而应该先设定一个目标，再进行有针对性的阅读。

当然，阅读的目的各不相同：有时是获取资讯，有时是获取知识，有时是锻炼思维，有时是解决问题，有时则单纯是放松休闲……当你的阅读是为了获取关键知识或解决具体问题时，不妨试试李四光的以目标为导向的阅读方法。

具体来说，在阅读一本书之前，先尝试提出一个问题，然后带着这个问题去读书。在阅读的过程中，始终围绕这个问题去推进，主动过滤掉与问题无关的内容，把目光聚焦在能够帮助你解答问题的核心材料上。这种方法不仅能提高阅读效率，还能帮助你更深入地理解和掌握知识。

例如，如果你正在阅读一本关于地质学的书籍，你可以先提出一个问题：如何通过地质勘探找到石油？然后，在阅读的过程中，重点关注与石油的形成、地质构造、勘探技术相关的内容，而忽略其他不相关的部分。通过这种方式，你可以更快地找到问题的答案，并形成系统的知识框架。

李四光的这种阅读方法，不仅适用于自然科学领域，也适用于其他学科的学习。它教会我们：阅读不仅是被动地接受信息，更是主动地探索和解决问题的过程。通过设定目标、聚焦核心内容，我们能够更高效地达成阅读的目的，并从中获得更多的启发和收获。

2. 批判性思维

孟子曾说："尽信书不如无书。"李四光非常推崇这种勇于挑战权威、不盲从的批判性思维。他主张在读书学习时要独立思考，反对机械性地接受书本上的知识。这种精神不仅贯穿了他的学术生涯，也成就了他在地质学领域的卓越贡献。

20 世纪初，西方地质学界普遍认为中国没有第四纪冰期。李四光在阅读西方相关文献时发现，这个结论大多基于传教士的零散考察，缺乏系统的科学研究和实地考察。他对这个结论产生了怀疑，并在心中画了一个大大的问号。围绕这个问题，他遍查欧洲冰川文献，并结合自己在太行山地质考察中发现的条痕石，最终提出了中国存在第四纪冰期的观点，颠覆并修正了西方地质学界长期以来的错误认知。

小贴士

条痕石，又称冰川条痕石，是冰川活动的重要地质遗迹。它形成于冰川内部石块与石块之间的相互碾磨过程中，石块在冰川底部或侧壁的岩石表面摩擦，刻画出深浅不一、粗细不等的条状痕迹，是古冰川作用过的有力证据和历史见证。

李四光曾对学生说："洋人的书要读，但中国的山更要自己爬。书上写无，未必是真无！"这句话不仅体现了他对科学研究的严谨态度，也展现了他对独立思考的坚定信念。

李四光的这种勇于质疑的精神，值得我们好好学习和实践。

当你读到书中的结论时，不要毫不犹豫地全盘接受，而是主动问一问"为什么？""书里这样说，有没有证据？证据是什么？"如果可能，还可以通过一些小实验去验证书中的结论，看看书中的说法是否真的准确。

通过这种批判性思维训练，我们不仅能更深入地理解知识，还能培养独立思考能力。正如李四光所展现的那样，科学的进步往往始于对既有结论的质疑。让我们在阅读中保持好奇心和批判精神，勇敢地提出问题，探索未知的领域！

3. 多层级阅读

李四光有一个独特的观点，他认为：读书如采矿，既要深挖，也要广探。也就是说，在阅读时，要把精读和泛读结合起来。对于核心著作，尤其是地质学领域的经典文献，他采用精读的方法，逐字逐句研读，反复推敲琢磨，力求把这些核心著作的内容彻底吃透。而对于其他相关学科领域的书籍，他则采用泛读的方法，广泛涉猎、快速翻阅，以达到扩大知识面和拓展思路的目的。

正是这种多层级阅读的方法，帮助李四光具备了跨学科研究的能力。他在研究过程中非常善于将地质学与物理学、数学、哲学等学科结合起来。这使他在学习和研究中能够触类旁通，发现全新视角，创新思维模式。例如，他将力学原理引入地质研究，通过数学方法计算岩石的应力分布，最终创立了"地质力学"理论，为地质学开辟了新的研究方向。

在读书和学习时，我们也可以尝试实践这种多层级、跨学科的阅读方法。通过精读核心书籍，深入掌握学科知识；通过泛读相关书籍，拓宽视野，激发灵感。这种阅读方式不仅能为我们的学科学习注入新鲜的血液，还能丰富我们的知识库，带来意想不到的收获！

正如李四光所展现的那样，跨学科的思维和阅读方法，不仅能帮助我们更全面地理解世界，还能为创新提供源源不断的动力。

十一

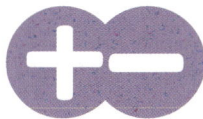

丰子恺：艺术人生与不朽承诺

丰予恺的故事

从前，有一位和蔼可亲的老者，他相貌清秀，长长的白胡子垂落胸前，颇有仙风道骨之姿。他是一位才华横溢的漫画家，用充满童趣的笔触勾勒出青山绿水和生活百态，还是一位出色的散文家，文字清新雅致、深入浅出，令人过目难忘。

时至今日，我们走在大街上，仍能在路边的宣传栏里看到他的画作，或是其他画家模仿他的风格创作的作品。他的艺术影响深远，跨越了时空，至今仍被人们喜爱和传颂。

他就是中国现代漫画的奠基人、著名散文家——丰子恺。他的作品不仅充满了生活的智慧与温情，也为后人留下了宝贵的艺术财富。

丰子恺画像

1. 幸运少年：母亲照料，名师指点

1898 年，丰子恺出生于浙江省桐乡市的一个书香门第。他的父亲是清末举人，同时还经营着一家染坊，因此丰家的家境颇为殷实。丰子恺在家中排行第七，且是唯一的男孩，自然备受宠爱。祖母常常将他带在身边，悉心照料；父亲也早早为他开蒙，教他读书写字。幼年时，丰子恺已经熟读《三字经》《千家诗》等启蒙读物，还用家里的染料给书本涂色，展现出浓厚的艺术天分。

在风景秀丽的江南小城桐乡，丰子恺度过了无忧无虑的童年。可惜，好景不长，随着父亲的病故，丰家失去了顶梁柱，家境逐渐衰落，日子也变得窘迫起来。幸运的是，丰子恺有一位坚强的母亲。她扛起了家庭的重担，勉力维持一家人的生计，同时也十分重视孩子的教育。此前，丰子恺一直在私塾学习，但私塾先生只教"四书五经"，而且教学方法简单粗暴，要求学生死记硬背。母亲觉得这样不行，便毅然将丰子恺送进了新式学堂，让他接受更开放、更现代的教育。

17 岁时，丰子恺考入了浙江省立第一师范学校。这所学校是当时浙江省规模最大、师资力量最雄厚的新式高等学堂。校长经亨颐是著名的教育家、书画家，鲁迅及其挚友许寿裳也曾在此任教。正是在这里，丰子恺遇到了两位改变他人生轨迹的老师——夏丏尊和李叔同。

夏丏尊是浙江绍兴人，曾中过秀才，后赴日本留学，归国后在浙江省立第一师范学校担任舍监（类似于现在的教导主任）。夏丏尊见多识广，思想开明，主张教师应尊重学生的人格，用爱去教育他们。丰子恺回忆，学生犯错或有疑惑时，夏先生"不用敷衍、欺蒙、压迫

等手段"，而是耐心开导，用爱来感化学生。这种教育理念深深影响了丰子恺，也成为他日后为人处世的准则。

李叔同，天津人，他是中国话剧的开拓者之一，也是著名的音乐家、美术家。他早年留学日本，后来剃度为僧，世人尊称他为弘一法师。李叔同在浙江省立第一师范学校教授音乐和美术，他的教学方式既严谨又富有启发性，丰子恺对绘画的兴趣正是在他的引导下逐渐培养起来的。李叔同不仅擅长书法、钢琴，还精通哲学、文学，会说英语、日语，堪称"十项全能"。丰子恺对他非常佩服，努力学习，立志向老师看齐。

在夏丏尊和李叔同的悉心培育下，丰子恺在绘画和写作方面均展露出了卓越的天分。正是凭借这两项才能，让他日后不仅得以安身立命，更成为中国现代漫画的奠基人和著名的散文家。这两位老师不仅传授了丰子恺技艺，更以他们的人格魅力浸润了他的艺术灵魂，为他日后的成就奠定了坚实的基础。

2. 漫画鼻祖：游学十月，获益终身

毕业后，丰子恺与校友吴梦非、刘质平一起前往上海闯荡，创办了中国第一所私立艺术师范专科学校——上海艺术专科师范学校。丰子恺在这里教授绘画，还与友人共同发起成立了中华美育会。然而，他很快发现了自己的不足。

一次，丰子恺偶然购得几册美术杂志，了解到西方画坛的最新趋势以及日本美术界的动态，这让他受到了极大的冲击。他意识到，学

校使用的教材早已过时，自己的绘画理念也有些陈旧，加上缺乏实践，自己并不具备教书育人的能力。"不能再误人子弟了！"丰子恺毅然决定：去日本学习艺术，待学有所成，再回来报效祖国。1921年春，24岁的丰子恺登上了驶往日本东京的轮船。

抵达东京后，丰子恺制订了一个高度紧凑的学习计划。他一边在洋画研究会研习西方绘画，一边进修日文，以便阅读日本文学和艺术著作，以及用日文翻译的西方作品。课余时间，他也不闲着，图书馆、展览会……到处都能看到他如饥似渴学习的身影。总之，他分秒必争，抓紧一切机会充实自己。

在日本游学的10个月里，丰子恺的绘画技艺和写作造诣都得到了显著提升。

回国后，他接受了恩师夏丏尊的邀请，前往浙江上虞的春晖中学任教。春晖中学坐落在风景如画的白马湖畔，依山傍水，环境优美，令人心旷神怡。丰子恺在住所旁栽了一株杨柳，并将住所命名为"小杨柳屋"。白天，他在学校授课；晚上，他回到小杨柳屋研究艺术理论，还将所见所闻用画笔记录下来，再配上诗文，交给春晖中学的校刊《春晖》发表。渐渐地，他的作品开始受到世人关注，一些报刊也纷纷向他约稿。

这段经历不仅淬炼了丰子恺的艺术才华，更为他日后的创作奠定了深厚的基础。他的作品充满了生活的温情与智慧，深受读者喜爱。

1924 年 7 月，上海的一本杂志刊登了丰子恺画的《人散后，一钩新月天如水》，这引起《文学周报》编辑郑振铎[①]的注意：

虽然是疏朗的几笔墨痕，画着一道卷上的芦帘，一个放在廊边的小桌，桌上是一把壶，几个杯，天上是一钩新月。我的情思却被他带到一个诗的仙境，我的心上感到一种说不出的美感。

郑振铎曾精准地概括了丰子恺画作的特点：线条简洁朴素，画面却充满诗意，给人以优美温馨的感受。正是这种独特的艺术风格，让郑振铎当即邀请丰子恺为《文学周报》创作插画，并首次以"漫画"为栏目名刊登。这大约是"漫画"一词首次出现在中国公众的视野中。凭借出色的才华，丰子恺声名鹊起。不久，在郑振铎的支持下，他出版了平生的第一部漫画集——《子恺漫画》。这一成就进一步激励了丰子恺，此后他佳作频出，不仅在漫画领域大放异彩，还创作了大量清新脱俗、别具一格的散文，在绘画和文学领域都取得了深厚的造诣。

丰子恺在绘制插画

---

① 郑振铎，中国现代文学家、藏书家、社会活动家，主编过《文学周报》《文学旬刊》等。中华人民共和国成立后曾任文化部副部长。

丰子恺的作品，既有对生活的细腻观察，又有对人性温暖的深刻表达。他的漫画和散文，像一股清泉，滋润了无数读者的心灵。他的艺术成就，丰富了中国现代文化的宝库，为后人留下了宝贵的精神财富。

3. 一诺千金：为《护生画集》倾尽心血

在丰子恺的众多作品中，流传最广、影响最深远的当属《护生画集》。这是一项横跨40多年的宏大工程，丰子恺为之倾注了大半生的心血。

《护生画集》的缘起，要追溯到丰子恺的恩师弘一法师（即李叔同）。1927年，丰子恺追随弘一法师研习佛学，法师提议师徒联手创作《护生画集》，旨在帮助世人"祛除残忍心，长养慈悲心，并用此心来待人处世"。具体计划是，丰子恺作画，弘一法师配诗，法师50岁时画50幅，60岁时画60幅……以此类推，直到100岁时画满100幅，才算圆满。

1930年，弘一法师50周岁，丰子恺如期完成了《护生画集》的50幅画作。1940年，正值抗日战争最艰难的阶段，丰子恺克服重重困难，完成了《续护生画集》的60幅画作。这两部画集的配诗皆由弘一法师撰写。然而，两年后弘一法师圆寂，创作的重担便完全落在了丰子恺的肩上。他没有辜负恩师的期望，始终坚守承诺，如期推出新画集。

晚年的丰子恺遭遇了不公正的对待，处境艰难，后来又患上肺病，

自知时日无多。即便如此，他依然每天凌晨
4 点起床作画，终于在弘一法师百年诞辰前
6 年，完成了《护生画集》的全部内容，共
计 6 册 450 幅。1975 年，丰子恺在上海病逝，
终年 77 岁。《护生画集》成为他留给世人
最后的、也最珍贵的财富。

丰子恺和猫

今天，当我们翻阅《护生画集》，依然
会被那流淌着爱与童真的笔触深深打动。生活中的丰子恺，也确实是
一个童心未泯、热爱生活的人。他爱猫，爱花草，爱山水，爱孩子，
喜欢用孩童般澄澈的目光观察这个世界。他的作品传递了慈悲与善意，
让我们感受到他对生活的热爱与对世界的温柔关怀。

《护生画集》不仅是丰子恺的巅峰之作，更是他一生慈悲与坚持
的见证。它像一盏明灯，照亮了无数人的心灵，也让我们在纷繁复杂
的世界中，重新感受到爱与善的力量。他曾说："天地间最健全的心
眼，只是孩子们的所有物，世间事物的真相，只有孩子们能最明确、
最完全地见到。"

因此，无论是他的漫画还是诗文，都满溢着天真烂漫的童趣。这
也是丰子恺的作品能够历久不衰，俘获一代又一代读者芳心的原因。

丰子恺的读书方法

丰子恺不仅是一位艺术大师，更是一位将阅读内化为生命体验的

人。他的读书方法打破了学科的界限，融合了哲学思辨与科学思维，既充满了东方禅意的深邃，又兼具科学探索的魅力。他的阅读理念和实践，不仅丰富了他个人的艺术与思想，也为我们今天的阅读与生活提供了宝贵的启示。

1. 二十二遍读书法

在丰子恺的散文《我的二十二遍苦读经验》中，他详细描述了自己青年时期自创的一种独特的阅读学习方法。每课分四日诵习，第一日读十遍，第二日五遍，第三日五遍，第四日二遍，合计二十二遍。为了记录阅读进度，他还特意使用繁体的"讀"字，每读一遍便写下一划，将阅读的进度可视化。这种看似"笨拙"的方法，实际上蕴含了深刻的科学道理。

德国心理学家艾宾浩斯通过研究发现，人类大脑对新事物的遗忘是有一定规律的，这一规律被称为艾宾浩斯记忆"遗忘曲线"。遗忘曲线显示，遗忘在学习之后立即开始，且最初遗忘速度很快，之后逐渐减缓。而丰子恺的二十二遍读书法，将阅读分布在四天内，重复的频次与遗忘曲线高度吻合。这种间隔重复的学习方式，能够有效对抗遗忘，帮助记忆更加牢固。

不仅如此，丰子恺在阅读时还会将书页撕成单张，每完成一遍诵读就将书页放进空盒，这一举动也大有玄机。当代的"具身认知"理论认为，阅读不仅仅是眼睛和大脑的活动，更是一场身体与环境的对话。丰子恺将书页放入空盒的行为，实际上是在不断给大脑提供即时反馈，这种反馈不仅能增强阅读的获得感，还能提升学习动机，让阅读变得更加高效。

这种阅读方法还充满了仪式感。每读一遍，书页被投入空盒，仿佛在完成一场小小的仪式，让学习过程变得更加庄重和有意义。二十二遍并不是一个固定的数字，学习者可以根据自己的实际情况和书籍的难度进行调整。

可能有人说得撕书这种行为不好，你也可以改成其他方式。正是靠着这种科学的阅读方法，丰子恺非常高效地掌握了英语、俄语等语言，翻译了不少外国文学的经典作品。他在去日本留学前，用这样的方法恶补日语，仅用 10 周就能阅读夏目漱石的原著，还能用日语进行日常交流。

2. 跨界阅读法

由于丰子恺精通多种艺术门类，他在读书学习时常常主动打破不同学科、不同艺术形式之间的界限。艺术与科学如同鸟之双翼，丰子恺正是借助艺术与科学的双翼，在书籍与知识的宇宙中自由翱翔。让我们一同探寻这位艺术大师的创举：

乐律学是研究律制构成与应用的科学，是结合自然科学的方法对乐律进行研究的一种理论。丰子恺是我国近代乐律学研究的先锋之一，他创作的《从西洋乐上考察中国的音律》一文，是我国近代早期乐律学研究的重要著作。在研究中，他将物理上的震动数引入乐律研究，体现出他卓越的跨学科研究能力。

在阅读和欣赏古诗时，丰子恺也会引入一些自然科学的原理。《在文学中的远近法》等文章中，他以西方透视学的原理来解释我国古代的诗歌，以远近法来解释岑参的"槛外低秦岭，窗中小渭川"。

不仅如此，丰子恺还将绘画思维融入阅读。他主张阅读也要像画画一样，适当留白。每读一时，必启行庭院，观竹影移墙。这种张弛有度的阅读方式，不仅让学习更加高效，也让心灵得到放松。当代科学研究也证实，每学习一段时间休息 5 分钟，可以有效提升记忆的编码效率。

丰子恺曾说："重复不是愚笨的坚持，而是让知识从眼睛渗透到指尖的修行。"他的读书方法带给我们的启示是多层次的。我们不仅要学习他的读书方法，更要细细体会他的读书智慧，学习他的勇于创新探索，学习他的张弛有度，把书读活，让知识真正融入生活。

十二

巴金：以阅读劈开"思想的黑暗"

巴金的故事

"我出生于四川成都一个官僚地主的大家庭，在二三十个所谓'上等人'和二三十个所谓'下等人'中间度过了我的童年，在富裕的环境里我接触了听差、轿夫们的悲惨生活，在伪善、自私的长辈们的压力下，我听到年轻生命的痛苦呻吟。"

上面这段话，出自晚年巴金对自己童年生活的回忆。从这段描述中，我们可以看出，巴金从小就生性敏感、富有同情心。世间的苦难和不公常常让他感到深深的痛苦。巴金热爱阅读，投身创作，都与这种对痛苦的敏感和思考密不可分。通过阅读，他找到了共鸣和慰藉；通过写作，他倾吐了内心的痛苦，并且深入剖析了这些痛苦的根源。正是这种对人性、对社会的深刻洞察和真诚表达，使他成为中国现代最伟大的作家之一。

巴金的文字不仅记录了个人的情感，也反映了时代的苦难与希望。他用笔触描绘了无数普通人的命运，唤起了人们对自由、平等和正义的追求。可以说，巴金的创作是他个人情感的宣泄，更是对社会的深刻反思和对人类命运的关怀。

1. 少年的痛苦与疑惑

1904 年，巴金出生在四川成都的一个名门望族，本名李尧棠，"巴金"是他后来取的笔名。他的家族是典型的官僚地主大家庭，家境富裕，人丁兴旺。光是和巴金同属"尧"字辈的兄弟姐妹就有 23 人之多。为了照顾这样一个庞大的家族，李家雇用了数十名仆人，供老爷、少爷们使唤。

巴金在这样的环境中长大，一方面，作为少爷的他衣食无忧，生活优渥；另一方面，他也目睹了仆人们的悲惨遭遇。这些仆人地位低下，几乎每天都要忍受责骂、殴打和凌辱。巴金看在眼里，心里十分难过，甚至对自己的优渥生活感到愧疚。正是这些经历，让巴金一生都关心穷人、同情弱者，并用自己的笔为民众发声。

然而，封建专制的压迫不仅针对穷人，就连地位尊贵的少爷们也难逃其害。巴金目睹了许多亲近的人在封建家庭的束缚下挣扎、受苦，最终悲惨地死去。他的大哥李尧枚就是一个典型的例子。

李尧枚比巴金年长七岁，很早就接触了五四运动，经常带着弟弟们阅读进步报刊。他曾计划去北京或上海求学，追求自己的理想。然而，作为家族中的长房长孙，他肩负着长辈们的期望，他的计划被无情地否决了。长辈们安排他结婚成家，将他牢牢锁在封建家庭的牢笼中。李尧枚被迫放弃梦想，竭尽全力维持这个封建大家庭的运转。但他的内心极度痛苦，最终患上了精神疾病。在 31 岁那年，不堪折磨的李尧枚选择了自杀，结束了自己年轻的生命。

这些痛苦的经历深深影响了巴金，也成为他日后创作的源泉。他通过文字揭露封建家庭的黑暗，呼吁社会的变革，表达对自由与平等的追求。巴金的笔下，既有对弱者的同情，也有对压迫者的控诉，更有对人性与社会的深刻思考。正是这些经历，塑造了巴金作为一位伟大作家的灵魂。

眼睁睁看着悲剧一幕幕上演，巴金的心中充满了疑问：人为什么要被分为 "上等人" 和 "下等人"？为什么无论是 "上等人" 还是 "下等人"，在这个大家庭里都活得如此痛苦？他隐隐感觉到，问题的根源似乎并不在家庭内部，而是整个社会出了毛病。然而，病因是什么？又该如何医治？年幼的巴金还无法看清这些问题的答案，也无法找到解决的办法。他感到非常困惑，内心充满了迷茫与不安。

这种困惑和痛苦，像一颗种子，深深埋在了巴金的心里。随着他的成长，这颗种子逐渐发芽，促使他不断思考社会的不公与人类的命运。正是这些思考，最终推动他走上了文学创作的道路，用文字去揭露社会的黑暗，呼唤人性的觉醒与社会的变革。

2. 投身创作，带来光明与希望

是读书让巴金看到了光明和希望。

巴金的阅读经历主要来自两个方面。首先，在大哥李尧枚的引领下，他开始阅读《新青年》《每周评论》等进步报刊。其中，《新青年》

巴金和大哥读《新青年》

对他的影响尤为深远。陈独秀、胡适、鲁迅、钱玄同等人的文章，像一把把锋利的匕首，直指传统文化中野蛮落后的部分，呼吁人们学习新知识，推翻封建专制。巴金曾说，《新青年》就像一道光，劈开了他"思想的黑暗"，让他看到了新的世界。

1920 年，巴金考入成都外国语专门学校，开始系统地学习近现代社会科学著作。在这里，他进一步接受了反帝反封建、科学民主、自由平等等进步思想。其间，他发表了生平第一篇文章《怎样建设真正自由平等的社会》，表达了他渴望挣脱封建家庭束缚、追求自由的强烈愿望。毕业后，巴金毅然离开成都，前往上海等地求学。

巴金原本计划报考大学，却不幸患上肺病，不得不卧床静养。但他不愿虚度光阴，便开始大量阅读小说。他形容自己"脑子里装了一大堆杂货"，这里的"杂货"指的是各种流派的作家和作品。无论是古今中外的小说，只要他能找到的，都来者不拒。他以海纳百川的态度吸收着这些文学养分。随着阅读的深入，他越来越振奋，发现小说能够反映社会现实，揭露社会上的种种丑恶，而且能鼓舞人心，给人带来光明与希望。

在众多小说中，巴金最钟爱的是 19 世纪的法国文学。他反复阅

读左拉、雨果、罗曼·罗
兰等作家的作品，深
受启发。1927 年，巴
金从上海前往巴黎，
近距离感受法国文化
的魅力。他租住在巴
黎一间充满煤气味和
洋葱味的小公寓里，

巴金在卢梭墓前

一边读书，一边翻译，一边创作。他的住所距先贤祠不远，里面有伏
尔泰、卢梭、雨果等人的墓室，巴金经常前去瞻仰，尤其对卢梭这位
"梦想消灭压迫和不平等" 的法国启蒙思想家充满崇敬之情，愿意到
他的墓前吐露心事。有时候什么也不说，只是静静地待着，思考人生
与社会的未来。

正是这些阅读和思考，让巴金逐渐找到了自己的方向，也为他日
后的文学创作奠定了坚实的基础。

旅居巴黎期间，巴金完成了自己的小说处女作——《灭亡》。

当时的中国正处于军阀混战、民不聊生的动荡时期，一批满怀理
想的革命青年奋起反抗，探索救国救民的道路。长篇小说《灭亡》便
以此为背景，讲述了革命者杜大心与封建家庭和军阀势力斗争的故事。
尽管杜大心最终失败了，但通过他的经历，深刻揭露了旧社会的丑恶
和知识分子的精神困境。《灭亡》在《小说月报》上连载四期后，引
起了巨大反响，巴金也因此成为文坛上备受瞩目的新星。

回国后，巴金进入了创作的黄金期，陆续写出了许多经典作品，如长篇小说"爱情三部曲"——《雾》《雨》《电》和"激流三部曲"——《家》《春》《秋》，以及《寒夜》《海的梦》等。他的小说无情地揭露了社会的黑暗，热情地讴歌了理想与希望，让读者在愤怒的同时，也激发出他们推翻旧社会、建设新世界的斗志。巴金的作品充满了鼓舞人心的力量，他也因此成为几代青年的"代言人"。

巴金的文字记录了一个时代的风云变幻，唤醒了无数人对自由与平等的追求。他的作品像一盏明灯，照亮了无数青年前行的道路，也让他成为中国现代文学史上不可忽视的巨匠。

3. 钱，就是用来买书的

年轻时巴金苦苦寻求"救人、救世，也救自己的路"，为此，他不惜斥巨资买书学习。巴金的胞弟李济生回忆：说到他（指巴金）最喜爱的东西，还是书。这一兴趣从小到老都没有变。在法国求学时，尽管过着清苦的学生生活，他仍将省吃俭用余下来的钱，用来买自己喜爱的书。有了稿费收入，个人生活不愁，自然更要买书了。

一·二八淞沪抗战期间，日本侵略者的炮火摧毁了巴金的家，藏书损毁殆尽，巴金感到非常沮丧。后来靠着省吃俭用，书又慢慢积累了起来。抗日战争全面爆发后，巴金带着家人辗转桂林、贵阳、昆明等地躲避战火，却依然手不释卷、笔耕不辍。他尽其所能地读书，也用笔记录中华民族的苦难与抗争。

小贴士

1932 年 1 月 28 日，日本侵略者蓄意挑起事端，入侵上海闸北。当时守卫上海的第十九路军将士奋起抵抗，迎头痛击，粉碎了日本"三个月灭亡中国"的狂言。

抗战胜利后巴金定居上海，靠稿费养活一家人，日子过得很拮据。巴金的妻子萧珊把小黄鱼和青菜用盐腌起来，晾干，吃饭的时候取一点来吃，就算尝过荤腥蔬菜了。即便如此，只要攒了点钱巴金就去买书。萧珊对此当然有意见，可巴金说："钱，就是用来买书的。都不买书，写书人怎么活法？"

中华人民共和国成立后，巴金迁居到上海武康路的一幢三层欧式花园洋房。房子宽敞了，书柜也随之增多、增大。如今，这里已作为巴金故居向公众开放。走进故居，你会

巴金埋头苦读

131

发现书无处不在：不只书房里摆满了书，客厅里也立着4只大书柜，甚至连走廊和过道上也摆放着书柜。一代文豪终身学习的精神，在这里得到了淋漓尽致的体现，值得我们每个人学习。

据统计，巴金一生藏书超过三万册，还有一万多册杂志。这些藏书中，有大量现代文学珍品和外文书刊，仅《托尔斯泰全集》就有好几个版本。晚年时，巴金最常思考的一件事，就是如何将这些书捐赠出去，供公众阅读和使用。他陆续向国家图书馆、中国现代文学馆、上海图书馆、香港中文大学等捐赠了大量书籍，让更多人能够分享他的精神财富。

2024年，恰逢巴金诞辰120周年，中国现代文学馆、上海市作家协会、巴金故居联合在北京举办了"美的丰富矿藏——纪念巴金先生诞辰120周年藏书展"。展览通过120种藏书，展示了巴金一生的思想演变轨迹。这些书籍不仅是巴金先生留给后人的珍贵遗产，更是他追求真理、热爱知识的象征。

巴金的一生，用文字记录了一个时代的风云变幻，也用书籍传递了他对知识的无限热爱。他的藏书和捐赠行为，体现了他对社会的深切关怀和对后人的殷切期望。

巴金的读书方法

爱书如命的巴金认为，真正的阅读是用全身心去拥抱文字，眼睛只是向导，最后动的是灵魂。在漫长的阅读与创作生涯中，巴金始终重视生命的体验与内在的感受。巴金曾总结过读书的"三境界"，认为读书的最高境界，是让文字的血肉长进自己的骨头里。这种深刻的阅读理念，不仅体现了他对书籍的热爱，也反映了他对生命的深刻理解。

巴金的读书方法同样极具个人特色。他不仅用眼睛去读，更用心去感受，用灵魂去对话。在他看来，阅读不仅仅是获取知识，更是一种与作者、与文字、与自我心灵的深度交流。正是这种全身心投入的阅读方式，让巴金在书籍中找到了思想的共鸣，也为他日后的文学创作注入了源源不断的灵感与力量。

1. 五感读书法

巴金认为，真正的读书不是单纯地用眼睛扫视文字，而是要用脚丈量故事里的土地，用手触摸人物的心跳，用鼻子嗅到墨香里的风雨。换句话说，阅读是要同时调动五感，去全方位、全身心地体会书中的世界。这种阅读方式，让文字不再是冰冷的符号，而是充满了生命力的存在。

我们在介绍丰子恺的读书方法时，曾提到过"具身认知"理论。这种理论认为，阅读时的身体感受与视觉输入同样重要。而巴金的"五感读书法"与这一理论不谋而合。

据传，巴金在上海霞飞坊背诵《战争与和平》时，一边踱步，一边背诵书中描写骑兵冲锋的段落。他特意调整了自己的步伐，让迈步的节奏与书中文字的节奏保持一致，以此形成一种肌肉记忆。这种将身体经验与文本记忆强关联的方式，让身体的感知深度参与阅读的记忆编码中。

中国现代文学馆所藏的巴金口述资料中也有类似的记载。巴金年轻时为背卢梭《忏悔录》，边爬楼梯边念，台阶数对应段落号。这种独特的阅读方法，不仅让文字的记忆更加深刻，也让阅读变成了一种全身心的体验。

44. Il s'agit de la fossée

巴金背诵《忏悔录》

58. En automne 1732 C'est donc un peu ...

依靠着这种强大的身体记忆，巴金常常能够实现"反刍式的阅读"。据说在病中的他目不能视时，让小林按特定节奏拍打床沿，这声响能把记忆深处的书籍唤醒。在阅读的时候，我们不妨学习一下巴金的这种全感官同时参与的阅读方法，选一本你喜欢的书，带着它一起去踩踩落叶，听听雨声，嗅嗅花香，试着让身体的感觉参与你阅读的过程中，或许你会有不一样的阅读体验和收获。

2. 超文本思维

巴金在阅读时非常注重不同书籍之间的相互印证。他在海量阅读的基础上，建立了自己的阅读图谱，在阅读过程中常常会主动调用图谱中的相关书籍进行解释与参照。这种阅读方式不仅加深了他对单本图书的理解，也让他的知识体系更加立体、丰富。

比如，巴金曾经专门统计过《红楼梦》和《战争与和平》这两本书中 "眼泪描写" 出现的频率，分别是 327 次和 189 次，从而建立了两本书情感密度的对比模型；他还尝试用《道德经》中的 "天之道，损有余而补不足" 与《资本论》中的剩余价值理论进行碰撞；甚至用《金刚经》的内容与《时间简史》中的观点相互参照和比较。这种跨文本、跨学科的阅读习惯，构建出了一个专属于巴金的阅读网络和认知体系。

我们在阅读时也可以尝试这种相互参照的阅读方法。可以先从同一主题的不同书籍开始，比如读一本历史书时，可以找另一本相关的历史书进行对比，然后再逐渐拓展到跨学科的书籍，比如读科学书时，可以结合文学或哲学书中的观点进行思考。这样不仅能加深对知识的理解，还能逐渐构建起属于自己的阅读库和知识树。

巴金的阅读方式告诉我们：阅读不仅是获取知识的过程，更是连接不同思想、构建个人认知体系的旅程。通过不同书籍之间的相互印证，我们可以让知识变得更加立体，也能在阅读中发现更多有趣的关联和灵感！

十三

华罗庚：杂货铺飞出"金凤凰"

华罗庚的故事

在浩瀚的宇宙深处，还有一颗名为"华罗庚星"的小行星在穿行。这颗小行星由中国科学院紫金山天文台发现，经国际天文联合会小行星命名委员会批准，正式以华罗庚的名字命名，以纪念他对数学领域的卓越贡献。

然而谁能想到，这样一位享誉全球的数学大师，竟是从一间小杂货铺里飞出的"金凤凰"。

华罗庚的成长经历充满了传奇色彩。他出生在一个普通家庭，早年因家境贫寒，只能在杂货铺里帮工谋生。所幸，他对数学的热爱和天赋并未被生活的艰辛所磨灭。通过自学，他一步步攀登数学的高峰，最终成为世界级的数学大家。

1. 从"皮大王"到"罗呆子"

华罗庚出生在江苏省常州市，他的父亲开了一间小杂货铺，勉强维持一家人的生计。由于家境贫困，华罗庚初中毕业后便辍学回家，

华罗庚在杂货铺

帮父亲打理杂货铺。但他总是一副心不在焉的样子，常常趴在柜台上写写画画，就连顾客来了也不招呼。久而久之，邻里都知道华家有个性格孤僻的孩子，还给他起了个外号——"罗呆子"。

其实，华罗庚并不是在发呆，他的小脑瓜里装满了数学问题。每当想到一些眉目，他就会随手抓一张纸，开始演算起来。那么，华罗庚对数学的兴趣从何而来呢？这就要提到他的恩师——王维克了。

王维克曾留学法国，在巴黎大学攻读数学和物理。归国后，他担任当时金坛县立初级中学的校长，而华罗庚恰好在这所学校读书。当时的华罗庚是个出了名的"皮大王"，上课三心二意，还扰乱课堂秩序，经常翘课出去玩。老师和父母都拿他没办法。起初，王维克也以为华罗庚是个差生，直到他检查了华罗庚的数学作业，才改变了看法。

原来，华罗庚的数学作业本虽然总是被他涂涂改改，显得十分凌乱。数学老师也曾多次批评他，但他依然我行我素。王维克听说后，便亲自查看了华罗庚的作业本，结果发现了其中的门道：那些涂改的地方，其实是华罗庚尝试的不同解题思路！这说明，这孩子有着非凡的数学天赋。从此，王维克开始亲自指导华罗庚，用引导和鼓励的方式激发他的好奇心，逐渐将他引入正轨。华罗庚的数学成绩突飞猛进，很快跃升为全校第一。

尽管由于家境困难，华罗庚初中毕业后未能继续上学，但他对数学的热爱已不可遏制。辍学期间，他自学了高中和大学低年级的全部数学课程。就这样，一个曾经调皮捣蛋的"皮大王"，在恩师的引导下，变成了痴迷数学的"罗呆子"，并最终成为享誉世界的数学大师。

2. 危难中坚持研究与教学

1930 年春，上海《科学》杂志发表了一篇论文，指出一位知名数学家在证明一道数学题时犯了错误。这篇论文在数学界引起了轰动，而更让人好奇的是作者的身份——一个名不见经传的"华罗庚"。当大家得知这位作者竟然是一个只有初中学历的小城青年时，无不感到惊讶。中国现代数学的先驱熊庆来爱才心切，立即邀请华罗庚到他创立的清华大学算学系深造。

如何培养这位"非科班"的数学天才呢？熊庆来为此颇费苦心。他先是任命华罗庚为助理员，负责收发信函、保管图书馆资料，这样华罗庚就能有一份收入，保障基本生活。在学习方面，熊庆来给予了华罗庚充分的自由度。他可以根据自己的兴趣，选择任意一位教授的课去旁听。每隔一段时间，熊庆来还会亲自为他答疑解惑。

在熊庆来的悉心培养下，华罗庚进步神速，短短两年便升任讲师。后来，他还被送往英国剑桥大学访学。在剑桥期间，华罗庚发表了 15 篇论文，震惊了国际数学界，一颗数学新星冉冉升起。许多高校和研究机构纷纷向他伸出橄榄枝。然而，当 1938 年访学结束时，华罗庚婉拒了所有邀约，毅然回到了战火纷飞的祖国。

当时，抗日战争已全面爆发，日本侵略者凭借其强大的军事实力，迅速占领了中国大片国土。华罗庚舍弃了国外优越的科研和生活环境，选择与同胞们共存亡，这体现了一位知识分子的责任与担当。

回国后，华罗庚先是回到清华大学，后随校迁往昆明，任教于西南联合大学。当时的昆明生活条件异常艰苦，物资匮乏。即便是身为教授的华罗庚，家里也经常揭不开锅。更危险的是，敌机三天两头来轰炸，往往上着课忽然警报大作，联大师生只能放下课业，跑进防空洞躲避。

小贴士

抗日战争全面爆发后，北京大学、清华大学、南开大学迁往云南昆明，并组建为国立西南联合大学。西南联大共存在了 8 年零 11 个月，在艰苦卓绝的环境下，为中国保存和培养了大量人才。

尽管环境艰苦，华罗庚依然坚持教学与研究，为中国的数学事业贡献力量。他的选择不仅展现了他对祖国的深情厚谊，也彰显了一位科学家在民族危难时刻的责任与担当。

一次，防空警报响起后，敌机迟迟未到，华罗庚以为不会来了，便爬出防空洞，前往朋友的住处讨论数学问题。然而，他刚到朋友那里，敌机突然出现，投下一串炸弹。顿时，爆炸声震天动地，黄土飞扬，华罗庚和朋友被生生掩埋在废墟中。幸运的是，亲友们及时赶到，将两人从土里挖了出来。华罗庚的下半截长衫被炸飞，口耳流血，可谓死里逃生。

在如此凶险的环境中，华罗庚没有停下研究的步伐。在近 8 年的时间里，他发表了 20 多篇论文，完成了两部数学专著，其中《堆垒素数论》一书被译成德、英、俄、日等多国文字出版，成为国际数学界的经典著作。同时，华罗庚还培养了数十位数学人才，其中不少人日后成为知名学者或院士，为中国数学事业的发展奠定了坚实的基础。

直到抗战胜利后，华罗庚才接受美国一所高校的聘任。尽管他离开了祖国，但他始终心系中国的数学事业。

3."我愿工作到生命最后一天！"

中华人民共和国成立后，华罗庚再度面临抉择，不出意外，他又一次选择回来。归国途中，华罗庚发表《致中国全体留美学生的公开信》，他深情地写道："为了抉择真理，我们应当回去；为了国家民族，我们应当回去；为了为人民服务，我们也应当回去；就是为了个人出路，也应当早日回去，建立我们工作的基础，为我们伟大祖国的建设和发展而奋斗。"

从 1950 年归国到 1985 年病逝，华罗庚为中国的现代数学事业做出了卓越贡献。他先后在清华大学、中国科学院数学研究所等单位担任重要职务，致力于培养新一代数学人才。他亲自授课，为学生传授先进的数学知识和研究方法，培养出了一批又一批优秀的数学人才。

这些学生后来在国内外数学领域都取得了杰出成就，为中国数学事业的发展奠定了坚实基础。

华罗庚不仅专注于学术研究，还十分注重数学知识的普及和推广。他撰写了大量科普文章，用通俗易懂的语言介绍数学的基本概念和应用价值，让更多人了解数学、爱上数学。他还经常深入基层，前往学校和企业开展讲座和培训活动，为广大青少年和普通民众传授数学知识和学习方法，激发他们对数学的兴趣和热情。

华罗庚工作图

有人觉得华罗庚太忙了，劝他注意休息，他却说："我愿工作到生命最后一天。"这句话充分体现了他对科学事业的无限热爱与奉献精神。

"发愤早为好，苟晚休嫌迟。最忌不努力，一生都无知。"这是华罗庚晚年写给年轻学子的一首诗，也是他毕生经验的总结。他一生在科学的道路上不懈探索，直到生命的最后一刻。他曾教导年轻学子，只要辛勤劳动，没有克服不了的困难。华罗庚不仅是这样说的，更是这样做的。

华罗庚的读书方法

从杂货铺的小学徒到数学大师，华罗庚的成功不仅仅在于天赋，也依赖于他打磨出的一套非常有创造性的读书方法。他的读书方法以高效、系统、注重实践著称，闪烁着科学精神的光芒，在今天依然能够帮助我们冲破学习路上的迷雾，让我们收获真知灼见。

1. 厚薄读书法

"读书要从厚到薄是归纳，从薄到厚是演绎；不会归纳成不了学者，不会演绎做不了创造。"这是华罗庚关于读书方法的经典论述。他将读书过程分为两个辩证的阶段：第一个阶段是"由薄到厚"，第二个阶段是"由厚到薄"。

第一阶段："由薄到厚"。"由薄到厚"是指在阅读一本书时，要通过深入阅读、扩展知识和反复思索与质疑，将书中的内容与相关知识关联起来，使书"变厚"。具体来说，阅读过程中要不断补充相关的学科知识，将不同的观点和方法进行参考比对，相互印证，并以此为基点进行深入思考。

例如，华罗庚在阅读微积分中的牛顿－莱布尼茨公式时，不仅仅是记住了这个公式，而是主动追溯历史，分别研究牛顿的"流数术"和莱布尼茨的"符号系统"是如何导出这同一个公式的。他还对公式进行拆分，并用简单函数手动计算，亲自验证公式的成立。通过这种方式，他将书中的内容与相关知识紧密联系起来，把书从薄读到厚。

小贴士

牛顿－莱布尼茨公式又称微积分基本定理，最初由牛顿和莱布尼兹两人分别独立发现。该公式将函数的定积分与原函数联系起来，为计算提供了简便的方法。这不仅是一个用于计算的重要的积分公式，也是分析学的基本公式。

这一阶段锻炼和依靠的是读书人的演绎能力。所谓演绎，指的是从一些假设的命题出发，运用逻辑规则，导出另一命题的过程。在这个过程中，读书人要像侦探一样，寻找知识之间的关联，挖掘深层次的内涵。

在经历了知识的吸收和积累之后，读书便进入了第二个阶段——"由厚到薄"。这一阶段是指在充分理解书中知识的基础上，运用归纳能力去提纲挈领，提炼核心逻辑，将大量看似无序的知识与信息进行重构，高度凝练成一个清晰的思维框架，实现知识的真正内化与升华。

华罗庚在他的《高等数学引论》中，就将微积分浓缩为四大模块：

变化率工具、累积效应工具、关联分析和空间扩展。他在西南联合大学授课时，要求自己用一句话概括（课程或教材的）核心。这种高度凝练的过程，锻炼和依靠的是读书人的归纳能力。所谓归纳，指的是从一系列具体的事实中概括出一般原理。

归纳和演绎是科学研究中最基本的逻辑思维方法。马克思主义认识论认为，一切科学研究都必须运用归纳和演绎的逻辑思维方法。华罗庚认为，归纳能力是提炼本质的根基，演绎能力则是扩展创新的关键。因此，许多学者认为，华罗庚的厚薄读书法不仅仅是一种读书方法，更是一种思维训练。

通过"由厚到薄"的过程，读书人能够将庞杂的知识体系化繁为简，提炼出核心逻辑和本质规律。这种能力不仅有助于深入理解知识，还能为创新和创造奠定基础。华罗庚的读书方法，不仅适用于数学，也适用于其他学科的学习。它提醒我们：读书不仅是知识的积累，更是思维的锤炼与升华。

2. 一页书与三件事

从厚薄读书法可以看出，华罗庚的读书过程本质上是一个吸纳—解构—重构—创新的过程。那么，在具体的阅读学习中，怎样才能达到这种读书法的预期效果呢？这就离不开华罗庚所说的"读一页书，作三件事"的核心操作了。展开来说，这三件事就是主动拆解、深度思考和即时应用。

第一步：拆解。拆解要求我们像科学家解剖细胞一样去读书。这意味着我们要将书中的内容分解成最小的知识单元，逐一分析和理解。比如，遇到一个复杂的数学公式，我们可以将其拆解为几个部分，分别研究每个部分的含义和作用。通过拆解，我们能够更清晰地掌握知识的细节。

第二步：思考。思考要求我们像发明家改造机器一样去创新。在拆解的基础上，我们需要对这些知识单元进行重组和推导，尝试得出新的结论或发现新的联系。华罗庚曾说："读书不是为了背书，而是为了点燃思想的火炬。"这句话强调了思考在学习中的重要性。通过深度思考，我们能够将知识内化为自己的思想体系，并激发创造力。

第三步：应用。应用要求我们像工程师测试一样去实践验证。在拆解和思考之后，我们需要立即将所学知识应用到实际问题中，进行验证和巩固。例如，读完一个数学定理后，可以找相关的题目进行练习，看看自己是否真正掌握了这个定理的应用方法。通过即时应用，我们能够加深对知识的理解，并发现其中的不足。

华罗庚的读书方法不仅高效，而且充满智慧。它教会我们：读书不仅是获取知识的过程，更是培养思维能力和创造力的过程。通过拆解、思考和应用，我们能够真正把书读活，把知识用活。

后 记

文明的进步仰赖知识的积淀，个人的成长亦需智慧的累积。自古以来，书籍便是承载知识的主要载体。数千年前，两河流域的先民将楔形文字刻于泥板上，创造了"泥板书"；古埃及人利用尼罗河畔的莎草制成莎草纸，书写下他们的文明；中世纪的欧洲人则在羊皮上抄录《圣经》，制作出精美的典籍。

中国人对书籍的情感就更为深厚了。从结绳记事到甲骨文、青铜器铭文，再到竹简帛书，华夏先民以各种方式记录历史。随着造纸术与印刷术的发明与成熟，纸质书籍逐渐普及，进入寻常百姓家。一代代中国人通过读书明理，与古今中外的智者对话，汲取中华文明的丰厚精神养分。

从这个意义上说，书籍不仅是知识的载体，更是人类文明传承的纽带。然而，在信息爆炸的今天，我们获取知识的途径愈发多样，书籍只是其中之一。短视频、社交媒体等新兴娱乐形式不断涌现，它们以更直观、更便捷的方式吸引着人们的注意力，似乎比捧着书本阅读更具吸引力。

但有一点始终未变——阅读依然是人类获取知识、增长智慧最为有效的方式。书籍带来的深度思考与精神愉悦，是其他媒介难以替代的。在这个快节奏的时代，阅读依然散发着独特的魅力。

正如本书所讲述的 13 位名人，他们活跃于不同的时代与领域，跨越了近两千年的历史长河。尽管社会环境、文化氛围发生了翻天覆地的变化，但读书始终是他们生命中不可或缺的部分。阅读不仅拓宽了他们的视野，培养了深厚的文化素养，更帮助他们在动荡的时代与坎坷的人生中找到方向，安身立命。

榜样的力量是无穷的。这些被书香浸润的灵魂，在时光的长河中泛起了永不消散的涟漪。愿这些涟漪能将你引入阅读的精神原野，领略人类文明的无限风光。愿你在书籍的陪伴下，找到属于自己的智慧与力量。

唐骋华

2025 年 3 月 17 日于上海